# 数智创富

## 数字化改革推进共同富裕

刘　渊　吕佳颖　陈　川　等——著

ZHEJIANG UNIVERSITY PRESS
浙江大学出版社
·杭州·

图书在版编目（CIP）数据

　　数智创富：数字化改革推进共同富裕 / 刘渊, 吕佳
颖, 陈川等著. -- 杭州：浙江大学出版社, 2025.4.
　　ISBN 978-7-308-25232-4

　　Ⅰ. F124.7-39
　　中国国家版本馆CIP数据核字第2024JU5041号

数智创富：数字化改革推进共同富裕

SHUZHI CHUANGFU：SHUZIHUA GAIGE TUIJIN GONGTONG FUYU

刘　渊　吕佳颖　陈　川　等◎著

| | |
|---|---|
| 策划编辑 | 张　琛　吴伟伟　陈佩钰 |
| 责任编辑 | 葛　超 |
| 责任校对 | 金　璐 |
| 封面设计 | 雷建军 |
| 出版发行 | 浙江大学出版社 |
| | （杭州市天目山路148号　邮政编码310007） |
| | （网址：http://www.zjupress.com） |
| 排　　版 | 杭州林智广告有限公司 |
| 印　　刷 | 杭州宏雅印刷有限公司 |
| 开　　本 | 710mm×1000mm　1/16 |
| 印　　张 | 11 |
| 字　　数 | 130千 |
| 版 印 次 | 2025年4月第1版　2025年4月第1次印刷 |
| 书　　号 | ISBN 978-7-308-25232-4 |
| 定　　价 | 78.00元 |

浙江大学出版社市场运营中心联系方式：0571-88925591；http://zjdxcbs.tmall.com

# 丛书专家委员会

# 浙江文化研究工程成果文库总序

有人将文化比作一条来自老祖宗而又流向未来的河,这是说文化的传统,通过纵向传承和横向传递,生生不息地影响和引领着人们的生存与发展;有人说文化是人类的思想、智慧、信仰、情感和生活的载体、方式和方法,这是将文化作为人们代代相传的生活方式的整体。我们说,文化为群体生活提供规范、方式与环境,文化通过传承为社会进步发挥基础作用,文化会促进或制约经济乃至整个社会的发展。文化的力量,已经深深熔铸在民族的生命力、创造力和凝聚力之中。

在人类文化演化的进程中,各种文化都在其内部生成众多的元素、层次与类型,由此决定了文化的多样性与复杂性。

中国文化的博大精深,来源于其内部生成的多姿多彩;中国文化的历久弥新,取决于其变迁过程中各种元素、层次、类型在内容和结构上通过碰撞、解构、融合而产生的革故鼎新的强大动力。

中国土地广袤、疆域辽阔,不同区域间因自然环境、经济环境、社会环境等诸多方面的差异,建构了不同的区域文化。区域文化如同百川归海,共同汇聚成中国文化的大传统,这种大传统如同春风化雨,渗透于各种区域文化之中。在这个过程中,区域文化如同清溪山泉潺潺不息,在中国文化的共同价值取向下,以自己的独特个性支撑着、引领着本地经济社会的发展。

从区域文化入手,对一地文化的历史与现状展开全面、系统、扎实、有序的研究，一方面，可以藉此梳理和弘扬当地的历史传统和文化资源，繁荣和丰富当代的先进文化建设活动，规划和指导未来的文化发展蓝图，增强文化软实力，为全面建设小康社会、加快推进社会主义现代化提供思想保证、精神动力、智力支持和舆论力量；另一方面，这也是深入了解中国文化、研究中国文化、发展中国文化、创新中国文化的重要途径之一。如今，区域文化研究日益受到各地重视，成为我国文化研究走向深入的一个重要标志。我们今天实施浙江文化研究工程，其目的和意义也在于此。

千百年来，浙江人民积淀和传承了一个底蕴深厚的文化传统。这种文化传统的独特性，正在于它令人惊叹的富于创造力的智慧和力量。

浙江文化中富于创造力的基因，早早地出现在其历史的源头。在浙江新石器时代最为著名的跨湖桥、河姆渡、马家浜和良渚的考古文化中，浙江先民们都以不同凡响的作为，在中华民族的文明之源留下了创造和进步的印记。

浙江人民在与时俱进的历史轨迹上一路走来，秉承富于创造力的文化传统，这深深地融汇在一代代浙江人民的血液中，体现在浙江人民的行为上，也在浙江历史上众多杰出人物身上得到充分展示。从大禹的因势利导、敬业治水，到勾践的卧薪尝胆、励精图治；从钱氏的保境安民、纳土归宋，到胡则的为官一任、造福一方；从岳飞、于谦的精忠报国、清白一生，到方孝孺、张苍水的刚正不阿、以身殉国；从沈括的博学多识、精研深究，到竺可桢的科学救国、求是一生；无论是陈亮、叶适的经世致用，还是黄宗羲的工商皆本；无论是王充、王阳明的批判、自觉，还是龚自珍、蔡元培的开明、开放，等等，都展示了浙江深厚的文化底蕴，凝聚了浙江人民求真务实的创造精神。

代代相传的文化创造的作为和精神,从观念、态度、行为方式和价值取向上,孕育、形成和发展了渊源有自的浙江地域文化传统和与时俱进的浙江文化精神,她滋育着浙江的生命力、催生着浙江的凝聚力、激发着浙江的创造力、培植着浙江的竞争力,激励着浙江人民永不自满、永不停息,在各个不同的历史时期不断地超越自我、创业奋进。

悠久深厚、意韵丰富的浙江文化传统,是历史赐予我们的宝贵财富,也是我们开拓未来的丰富资源和不竭动力。党的十六大以来推进浙江新发展的实践,使我们越来越深刻地认识到,与国家实施改革开放大政方针相伴随的浙江经济社会持续快速健康发展的深层原因,就在于浙江深厚的文化底蕴和文化传统与当今时代精神的有机结合,就在于发展先进生产力与发展先进文化的有机结合。今后一个时期浙江能否在全面建设小康社会、加快社会主义现代化建设进程中继续走在前列,很大程度上取决于我们对文化力量的深刻认识、对发展先进文化的高度自觉和对加快建设文化大省的工作力度。我们应该看到,文化的力量最终可以转化为物质的力量,文化的软实力最终可以转化为经济的硬实力。文化要素是综合竞争力的核心要素,文化资源是经济社会发展的重要资源,文化素质是领导者和劳动者的首要素质。因此,研究浙江文化的历史与现状,增强文化软实力,为浙江的现代化建设服务,是浙江人民的共同事业,也是浙江各级党委、政府的重要使命和责任。

2005 年 7 月召开的中共浙江省委十一届八次全会,作出《关于加快建设文化大省的决定》,提出要从增强先进文化凝聚力、解放和发展生产力、增强社会公共服务能力入手,大力实施文明素质工程、文化精品工程、文化研究工程、文化保护工程、文化产业促进工程、文化阵地工程、文化传播工程、文化人才工程等"八项工程"，实施科教兴国和人才强国战略，加快建设教育、科技、卫生、体育等"四个强省"。作为文化建设"八项工程"之一的文化研究工程，其任务就是系统研究浙江文化的历史成就和当代发展，深入挖掘浙江文化底蕴、研究浙江现象、总结浙江经验、指导浙江未来的发展。

浙江文化研究工程将重点研究"今、古、人、文"四个方面，即围绕浙江当代发展问题研究、浙江历史文化专题研究、浙江名人研究、浙江历史文献整理四大板块，开展系统研究，出版系列丛书。在研究内容上，深入挖掘浙江文化底蕴，系统梳理和分析浙江历史文化的内部结构、变化规律和地域特色，坚持和发展浙江精神；研究浙江文化与其他地域文化的异同，厘清浙江文化在中国文化中的地位和相互影响的关系；围绕浙江生动的当代实践，深入解读浙江现象，总结浙江经验，指导浙江发展。在研究力量上，通过课题组织、出版资助、重点研究基地建设、加强省内外大院名校合作、整合各地各部门力量等途径，形成上下联动、学界互动的整体合力。在成果运用上，注重研究成果的学术价值和应用价值，充分发挥其认识世界、传承文明、创新理论、咨政育人、服务社会的重要作用。

我们希望通过实施浙江文化研究工程，努力用浙江历史教育浙江人民、用浙江文化熏陶浙江人民、用浙江精神鼓舞浙江人民、用浙江经验引领浙江人民，进一步激发浙江人民的无穷智慧和伟大创造能力，推动浙江实现又快又好发展。

今天，我们踏着来自历史的河流，受着一方百姓的期许，理应负起使命，至诚奉献，让我们的文化绵延不绝，让我们的创造生生不息。

2006 年 5 月 30 日于杭州

# 总　序

本丛书源于党的十九届五中全会的报告。报告明确提出，到 2035 年基本实现社会主义现代化远景目标，并首次提出"全体人民共同富裕取得更为明显的实质性进展"。随后，2021 年 6 月 10 日，《中共中央 国务院关于支持浙江高质量发展建设共同富裕示范区的意见》发布，浙江省被赋予高质量发展建设共同富裕示范区的光荣使命。我作为浙江省政协智库专家、浙江省特色智库的负责人，参与了关于支持浙江省高质量发展建设共同富裕示范区的研究工作，在讨论过程中意识到社会对如何实现共同富裕有一些不正确的认识，比如，有人认为共同富裕就是"杀富济贫"，就是"平均主义"。我在 2021 年 6 月就发表了自己的鲜明观点，"共同富裕必须建立在财富创造的基础上，而不是在财富分配的基础上"。

为了积极响应党和国家提出的"共同富裕"这一重大命题，引导整个社会正确认识"共同富裕"，管理学者应该要向社会传递正确的认识，应该以管理理论视野去提出思路，应该扎根浙江探索面向共同富裕的管理理论。于是，2017 年在学校统战部领导下，浙江大学管理学院召集学院民主党派、无党派人士代表召开了"共同富裕示范区"建设研讨会，会后，管理学院设立了"共同富裕"专项系列研究课题，集结全院优秀师资，从管理学的多角度总结浙江经验，分析问题挑战，凝练理论逻辑，以期为浙江省高质量发展建设共同富裕示范区贡献浙大智慧。

共同富裕是社会主义的本质要求，是人民群众的共同期盼。在高质量发展中扎实推动共同富裕需要理论创新、实践创新、制度创新、文化创新。管理学院"共同富裕"专项研究预研课题正是基于"国家所需、浙江所能、群众所盼、未来所向"的原则，扎实依托管理学理论基础，充分调研浙江省基层实践经验，深度参与体制机制和政策框架建设，全面探究浙江省域文化创新，期望为实现共同富裕提供理论思路和浙江示范。

锲而不舍，终得收获。经过一年多的努力，"共同富裕"系列丛书终得面世。本套丛书遵循"创造财富—分配效益—共同富裕"的逻辑，结合浙江大学管理学院的学科特色优势，从创新、创业、数字化改革、文旅产业、数智医疗、新式养老、社会责任等方面总结浙江在探索"共同富裕"道路上的有效做法及其背后的管理理论。这些出版的专著包括《社会创业：共同富裕的基础力量》《优质共享：数智医疗与共同富裕》《成人达己：社会责任助力共同富裕》《五力祐老：共同富裕下的新式养老》《创新驱动：实现共同富裕的必由之路》《数智创富：数字化改革推进共同富裕》《美美与共：文旅产业赋能浙江乡村蝶变》七本著作（见图0-1），这些专著背后的理论根基恰好是我们的学科优势，比如，全国领先的创新管理和创业管理学科，文旅产业、养老产业等特色领域，以及数智创新与管理交叉学科。

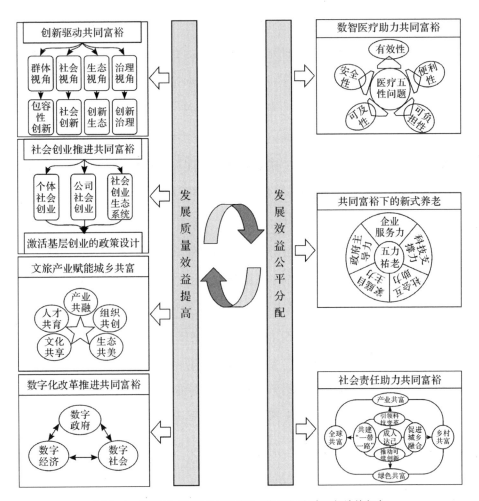

图 0-1　"高质量建设共同富裕示范区"系列研究总体框架

本丛书是中国统一战线理论研究会非公有制经济人士统战工作理论浙江研究基地（以下简称基地）的成果。该基地由中共中央统战部批准，受中国统一战线理论研究会领导，由浙江省委统战部、浙江大学党委统战部和浙江大学管理学院联合组建。基地发挥浙江大学管理学院在非公有制经济和非公有制经济人士研究的学科优势和浙江省非公经济发展的区位优势，聚焦促进非公有制经济健康发展和非公有制经济人士健康成长，开展科学研究、人才培养和政策研究，是新时代的新型高校智库。丛书的高质量、高效率完成和出版，要特别感谢浙江大学党委书记任少波教授的鼓励和支持，他亲自担任该丛书的专家委员会主任，指导我们的研究工作；要特别感谢浙江省社科联党组书记郭华巍，浙江省社科联主席盛世豪，浙江省委副秘书长、政策研究室主任朱卫江，浙江大学副校长黄先海等专家的指导和评审；要特别感谢谢小云、黄灿、刘渊、邢以群、应天煜、莫申江、沈睿、刘玉坤等作者的辛苦付出；还要特别感谢朱原、杨翼、蒋帆、刘洋、张冠宇等在项目推进中的大量协调和联络工作。此外，要特别感谢浙江省人大常委会代表工作委员会副主任谢利根和浙江省社科联规划处副处长黄获先生的大力支持，使得本丛书获得"浙江文化研究工程"立项。

丛书初稿完成时，正值党的二十大胜利闭幕，党的二十大报告强调"全体人民共同富裕的现代化"是中国式现代化的一个重要内涵。因此，本套丛书的出版也是学习贯彻落实党的二十大精神的成果。苟日新，日日新，又日新。共同富裕是中国特色社会主义的本质要求，也是一个长期的历史过程。让我们一起坚定信心、同心同德，埋头苦干、奋勇前进，美好生活图景正在更广阔的时空尽情铺展。

魏　江

2025 年春于紫金港

# 前　言

　　当今世界正面临"百年未有之大变局"，国际竞争合作格局更具复杂性、多面性。在日新月异的新一代信息技术和错综复杂的国际竞争形势之下，中国加快了数字化发展的步伐。从数字技术应用到数字化发展，数字化已不仅仅是技术生产效率的提升，其包含了更加深远的历史意义。数字化、网络化、智能化成为新一轮科技革命的突出特征，也是新一代信息技术的核心与迭代方向。当前，数字技术的快速发展致使传统的生产关系不再符合数字化时代发展的规律和特点。理论是实践的基础，要回答什么样的社会生产关系才能促进我国经济社会高质量发展，首先需要在理论上找到研究数字化赋能形成新型生产关系的切入点，通过生产关系、生活方式、治理模式等一系列深刻变革激发新一轮经济社会发展新动能。习近平总书记指出，我们要"勇于全面深化改革，自觉通过调整生产关系激发社会生产力发展活力，自觉通过完善上层建筑适应经济基础发展要求，让中国特色社会主义更加符合规律地向前发展"[①]。当前，以数字化赋能经济社会高质量发展，已成为我国自上而下的普遍共识。

　　2021年2月，浙江启动实施数字化改革，推动"数字浙江"建设进入

---

① 习近平.在纪念马克思诞辰200周年大会上的讲话.人民日报，2018-05-05（2）.

新阶段。数字化改革的起点是习近平总书记主政浙江时作出的"数字浙江"决策部署，该部署为浙江数字化发展奠定了基础、指明了方向。全面推进数字化转型，以信息化带动工业化，持续推进"两化融合"，深入实施数字经济"一号工程"，政府数字化转型全面领跑，成为推动全省高质量发展的新动能。一场以数字化为形式、以技术进步为手段、以经济社会转型升级为目标的治理变革已经全面展开。数字化改革，既是数字化赋能全面深化改革，也是将数字领域纳入改革范畴。以数字化改革撬动各领域、各方面改革，已经成为当下和未来全面深化改革的战略选择。时任浙江省委书记袁家军指出，"数字化改革聚焦高质量发展、竞争力提升、现代化先行和共同富裕，把数字化贯穿到党的领导和经济、政治、文化、社会、生态文明建设全过程各方面，对生产方式、生活方式和治理方式进行全方位、系统性重塑，整体推动生产力水平跃升、生产关系优化，整体推动经济社会发展质量变革、效率变革、动力变革"[①]。

2021年6月10日，《中共中央 国务院关于支持浙江高质量发展建设共同富裕示范区的意见》发布，支持鼓励浙江先行探索高质量发展建设共同富裕示范区。这对于浙江的发展具有里程碑式的重要意义，指明了浙江经济社会发展的发力点与着力点，也对浙江加快推进数字化改革破解共同富裕过程中的重点难点问题提出了更高的要求。习近平总书记指出，要"加快数字经济、数字社会、数字政府建设，推动各领域数字化优化升级"[②]。数字经济、数字社会、数字政府是数字化改革的重要组成部分，三者互为支撑、彼此渗透、相互交融，共同构成数字化改革推进共同富裕的主要实践

---

① 袁家军在全省数字化改革推进会上强调 系统迭代 整体提升 加快打造数字化改革"硬核"成果.浙江日报，2021-08-24（1）.
② 习近平.国家中长期经济社会发展战略若干重大问题.求是，2020（21）.

领域，涵盖从生产力、生产关系、生活方式、治理模式变革到经济社会高质量发展的方方面面，也囊括了从技术理性到制度理性再到价值理性的数字赋能层级跃升。以数字化改革撬动各领域各方面改革，能推动"有效市场＋有为政府"更好结合，聚焦"以人民为中心"的高质量发展理念，以政府为主导，充分发挥市场在资源配置中的决定性作用，全面深化社会领域的改革，破除制约共同富裕的体制机制障碍，科学助力浙江高质量发展建设共同富裕示范区，打造"重要窗口"重大标志性成果。

政府有为、市场有效，企业才有利、百姓才受益。以数字化改革全面释放数字生产力，是浙江顺应时代浪潮，更好地为市场、为社会增添新活力、创造新价值，推进共同富裕的生动实践。本书以数字化改革赋能共同富裕为主线，对浙江数字化改革的理论内涵、历史沿革等进行系统梳理，对扎实推动共同富裕的背景、目标等进行详细介绍，全面阐述数字化改革推动共同富裕的理论逻辑，深刻讨论了数字经济、数字政府、数字社会领域的优秀基层创新实践，总结提炼了数字化改革赋能共同富裕的浙江经验，并给出进一步加速数字化改革赋能浙江高质量发展建设共同富裕示范区的建议。

本书是浙江省社会科学规划重大项目"以数字化改革撬动各领域各方面改革研究"（编号：21NDYD046ZD）的成果。刘渊负责本书的总体设计、指导协调和修订完善等工作。书稿撰写分工如下：祝哲淇、许小东（第一章），刘渊、董思怡（第二章），祝哲淇、李旋、陈川（第三章），陈川、童昱、林涵密（第四章），吕佳颖（第五章），许小东、郭莹（第六章）。

本书内容丰富，要而不繁，深入浅出，通俗易懂。希望这本既有趋势、理论，又有案例、实践的书，能够为广大读者提供一个了解和学习的窗口。

受时间和能力限制，疏漏和不足之处在所难免。欢迎各位专家、广大读者批评指正，通过共同探讨和交流，不断深化对数字化改革的认识，推进高质量发展建设共同富裕示范区。

# 目　录

# 第一章

# 扎实推动共同富裕：新发展阶段的战略擘画

## 一、开启时代新征程：大变局中的中国机遇

在全面建成小康社会、实现第一个百年奋斗目标之后，我国开启了全面建设社会主义现代化国家新征程，向第二个百年奋斗目标进军，这标志着我国进入了一个新发展阶段，明确了我国发展的历史方位。在这个阶段，国内外环境发生着深刻变化，中国既面临历史性机遇，也面临前所未有的挑战。

纵观国际，"百年未有之大变局"可谓对当前国际局势最好的概括。其内涵可以从四个变化来理解。首先，是技术之变。新一轮科技革命和产业变革正在重塑全球创新版图[1]，科技创新正在以前所未有的速度广泛渗透到人类社会的各个领域[2]，成为百年变局的基本推动力量。其次，是环境之变。

---

① 王一鸣.百年大变局、高质量发展与构建新发展格局.管理世界，2020（12）：1-13.
② 洪群联，周鑫.新一轮科技革命和产业变革下服务业发展的趋势与对策.宏观经济管理，2018（4）：38-41.

主要国家力量对比变化和大国博弈加剧成为大变局的关键变量，现行国际秩序进入瓦解重构期，经济全球化调整正在引发全球产业链、供应链收缩，重塑全球分工格局和治理体系。全球经济不确定性增加，全球产业链、供应链面临冲击，国际经济、文化、安全等格局都已发生深刻调整。今后我们将面对更多逆风逆水的外部环境。再次，是发展模式之变。信息技术已成为率先渗透到经济社会生活等各领域的先导技术，将促进以物质生产、物质服务为主的经济发展模式向以信息生产、信息服务为主的经济发展模式转变。市场格局和经济增长的逻辑也随之变化，中国经济已从出口导向型向内需驱动型，再向现代服务型经济体转变。最后，是使命之变。在这一特殊历史时期，大国必须承担起与其地位和权利相匹配的责任和义务，发挥重大甚至是决定性作用。这也对我国加快经济社会高质量发展提出了更高的要求——中国将继续做世界和平的建设者、全球发展的贡献者和国际秩序的维护者，为全球治理贡献中国智慧和中国力量。

放眼国内，实现中华民族伟大复兴是近代以来中华民族最伟大的梦想。"中国式减贫"取得的巨大成就，给全球各国留下了深刻印象[1]。改革开放40多年来，中国成功实现了世界上最大规模的贫困人口脱贫，演绎了一个发展中大国治理贫困的经典范本。当前，随着我国经济社会进入高质量发展阶段，社会主要矛盾发生了根本性变化。我国制度优势明显，治理效能提升，经济长期向好，市场空间广阔，发展韧性强大，社会大局稳定。同时，我国发展不平衡不充分的问题仍然突出，地区间、城乡间的发展差距较大。新一轮科技革命和产业变革有力推动经济发展，也对就业和收入分配带来深刻影

---

[1] 刘长杰.世界减贫的中国贡献.中国发展观察，2021（Z3）：27-30.

响，其中的负面影响需要被有效应对①。尽管以互联网蓬勃发展为代表的"新经济"是当前经济发展新常态下的重要新动力之一，但数字技术的力量也在汹涌地冲击着固有边界，隐私保护、人工智能、跨国平台、数字贸易等领域的治理问题和治理需求层出不穷。随着数字经济和数字金融的发展，全球数字鸿沟问题也备受关注。数字鸿沟问题如果不能被有效解决，就有可能成为发展不平衡的新根源。因此，数字鸿沟扩大及其带来的负面影响亟须得到抑制。同时，数字经济与实体经济深度融合不够，引领高质量发展的作用有待进一步发挥，数据要素的价值潜力尚未被有效激活②。

总的来说，只有科学、客观、辩证地分析国内外大势，才能深刻认识错综复杂的外部环境产生的新机遇与新挑战，统筹中华民族伟大复兴战略全局和世界百年未有之大变局，"适应我国社会主要矛盾变化，更好满足人民日益增长的美好生活需要，必须把促进全体人民共同富裕作为为人民谋幸福的着力点"③，努力实现更高质量、更有效率、更加公平、更可持续的发展，最终扎实推动共同富裕。

## 二、美好生活着力点：扎实推动共同富裕

党的十九届五中全会明确指出，要扎实推动共同富裕并取得更为明显的实质性进展。党中央在新时代所提出的共同富裕是对马克思主义共同富

---

① 习近平出席二十国集团领导人第十五次峰会第二阶段会议.人民日报，2020-11-23（1）.
② 中央网络安全和信息化委员会."十四五"国家信息化规划.（2021-12-27）[2023-11-17]. http://www.cac.gov.cn/2021/12/27/c_1642205314518676.htm.
③ 习近平.扎实推动共同富裕.求是，2021（20）.

裕思想的继承，也是中华民族历代先贤志士的一致追求和人民群众的共同理想。孟子说："老吾老以及人之老，幼吾幼以及人之幼。"《礼记·礼运》具体而生动地描绘了"小康"社会和"大同"社会的状态。基于马克思和恩格斯的社会主义构想，共产主义的本质是彻底消除阶级、城乡、脑力和体力劳动之间的对立和差别，人人各尽所能、社会按需分配，进而逐步实现社会共享以及每个人自由而全面的发展。在马克思预见的未来社会中，"生产将以所有的人富裕为目的"[1]，实现共建基础上具有合理差异、具有公正内涵的"正和非零"共享的社会主义[2]。

共同富裕是社会主义的本质要求，是中国式现代化的重要特征，要坚持以人民为中心的发展思想，在高质量发展中促进共同富裕，提高发展的平衡性、协调性、包容性。习近平总书记提出："让广大人民群众共享改革发展成果，是社会主义的本质要求，是社会主义制度优越性的集中体现，是我们党坚持全心全意为人民服务根本宗旨的重要体现。这方面问题解决好了，全体人民推动发展的积极性、主动性、创造性就能充分调动起来，国家发展也才能具有最深厚的伟力。我国经济发展的'蛋糕'不断做大，但分配不公问题比较突出，收入差距、城乡区域公共服务水平差距较大。在共享改革发展成果上，无论是实际情况还是制度设计，都还有不完善的地方。为此，我们必须坚持发展为了人民、发展依靠人民、发展成果由人民共享，作出更有效的制度安排，使全体人民朝着共同富裕方向稳步前进，绝不能出现'富者累巨万，而贫者食糟糠'的现象。"[3]

习近平总书记提出："我们说的共同富裕是全体人民共同富裕，是人

---

[1] 马克思恩格斯文集（第8卷）.北京：人民出版社，2009：200.
[2] 代贤萍.论共享的理论意蕴与时代价值.湖北社会科学，2016（7）：11-15.
[3] 习近平.在党的十八届五中全会第二次全体会议上的讲话（节选）.求是，2016（1）.

民群众物质生活和精神生活都富裕，不是少数人的富裕，也不是整齐划一的平均主义。"[1] 时任浙江省委书记袁家军指出："共同富裕是实现人的全面发展和社会全面进步的一场深刻社会变革，是中国特色社会主义制度优越性的集中体现，是对西方现代化和福利社会的一种超越；是普遍富裕基础上的差别富裕，不是同等富裕、同步富裕，更不是均贫富、劫富济贫；是以高质量发展为基石的共同富裕，是在做大'蛋糕'的基础上分好'蛋糕'，是效率与公平、发展与共享的辩证统一；是'五位一体'的全面跃升，涵盖人民对美好生活向往的方方面面；是共建共治共享的共同富裕，必须依靠全体人民共同奋斗。"[2]

总体而言，共同富裕的丰富内涵至少包括以下四个方面：全民共享是目标，全面共享是内容，共建共享是基础，渐进共享是途径[3]。第一，从共同富裕的核心来看，共同富裕是涵盖全体人民的全民共富。第二，从共同富裕的范围来看，共同富裕是涉及经济社会发展各个领域的全面富裕。共同富裕聚焦生活、精神、环境、社会关系、公共服务等重点领域，并以最终实现人的全面发展和社会全面进步为目标。第三，从共同富裕实现的路径来看，共同富裕是全体人民通过辛勤劳动和相互帮助实现的共建共富。全体人民通过共建美好家园，实现人人参与、人人尽力、人人共享的美好生活。第四，从共同富裕实现的进程来看，共同富裕是持续推进的渐进式共富。实现全体人民共同富裕是一项长期艰巨的任务，是一个逐步推进的过程，不可能一蹴而就，既要遵循规律、积极有为，又不能脱离实际、吊

---

① 习近平.扎实推动共同富裕.求是，2021（20）.
② 袁家军.扎实推动高质量发展建设共同富裕示范区.求是，2021（20）.
③ 洪银兴，刘伟，高培勇，等."习近平新时代中国特色社会主义经济思想"笔谈.中国社会科学，2018（9）：4-73+204.

高胃口，要尽力而为、量力而行 ①。

习近平总书记指出，要"坚持以人民为中心的发展思想，在高质量发展中促进共同富裕，正确处理效率和公平的关系，构建初次分配、再分配、三次分配协调配套的基础性制度安排，加大税收、社保、转移支付等调节力度并提高精准性，扩大中等收入群体比重，增加低收入群体收入，合理调节高收入，取缔非法收入，形成中间大、两头小的橄榄型分配结构，促进社会公平正义，促进人的全面发展，使全体人民朝着共同富裕目标扎实迈进"。②

在深刻阐明促进共同富裕总思路的基础上，习近平总书记有针对性地提出一系列重大举措："提高发展的平衡性、协调性、包容性"，"着力扩大中等收入群体规模"，"促进基本公共服务均等化"，"加强对高收入的规范和调节"，"促进人民精神生活共同富裕"，"促进农民农村共同富裕"。"要建立科学的公共政策体系，把蛋糕分好，形成人人享有的合理分配格局。要以更大的力度、更实的举措让人民群众有更多获得感"，"要坚持在发展中保障和改善民生，把推动高质量发展放在首位，为人民提高受教育程度、增强发展能力创造更加普惠公平的条件"，"政府不能什么都包，重点是加强基础性、普惠性、兜底性民生保障建设"。③

总的来说，"新阶段新起点，扎实推动共同富裕是坚持党的性质宗旨、初心使命，不断夯实党长期执政基础的必然要求；是在全面建成小康社会基础上，向着全面建成社会主义现代化强国的第二个百年奋斗目标迈进的必然要求；是适应社会主要矛盾变化，着力解决发展不平衡不充分问题的

---

① 贾若祥.共同富裕的内涵特征和推进重点.中国发展观察，2021（12）：9–12.
② 习近平.扎实推动共同富裕.求是，2021（20）.
③ 习近平.扎实推动共同富裕.求是，2021（20）.

必然要求"。① 促进公平正义、逐步实现全体人民共同富裕的理论，为党的长期执政夯实了基础，为新时代促进全体人民共同富裕提供了行动指南，为全球人类发展事业贡献了中国智慧。共同富裕是社会主义现代化的重要目标，顺应我国新发展阶段的新发展要求和新发展规律，是完整准确全面贯彻落实新发展理念的方向指引，也是构建新发展格局，提高人民群众获得感、幸福感的现实需要，对我国的未来发展具有划时代的战略意义。

## 三、为大局谋划探路：浙江的重要窗口新使命

"努力成为新时代全面展示中国特色社会主义制度优越性的重要窗口"②是习近平总书记 2020 年到浙江考察调研时赋予浙江的新目标、新定位，意味着浙江承担特殊的职责使命，需要具有开放性、国际性以及先行性、示范性③。高质量发展建设共同富裕示范区，是习近平总书记亲自谋划、亲自定题、亲自部署、亲自推动的重大战略决策，是党中央、国务院赋予浙江的光荣使命。浙江正以新作为、新气象扛起重要窗口的责任担当，把完整、准确、全面贯彻新发展理念的过程，转化为塑造变革性实践的过程，将新发展理念融入经济社会发展和现代化建设的各方面，全面转入创新驱动轨

---

① 《求是》杂志编辑部.新发展阶段促进共同富裕的战略擘画.求是，2021（20）.
② 统筹推进疫情防控和经济社会发展工作　奋力实现今年经济社会发展目标任务.人民日报，2020-04-02（1）.
③ 王国锋.深入学习贯彻习近平总书记考察浙江重要讲话精神　努力建设新时代全面展示中国特色社会主义制度优越性重要窗口.浙江日报，2020-06-19（1）.

道，推动体制机制实现系统重塑，加快质量变革、效率变革、动力变革，[①] 解决发展不平衡不充分问题，走好共同富裕之路。

浙江是全国的先富典型，富裕程度高、均衡性强，具备开展共同富裕示范区建设的基础、优势和代表性，开展示范区建设的空间和潜力较大。浙江的面积、人口结构在全国也具有代表性，城乡差距指标、区域发展指标以及富裕程度等各项指标均走在全国前列。2021 年，浙江城乡居民可支配收入、居民人均消费支出稳居全国省区第一；通过实施农业"双强"、乡村建设和农民共富行动，城乡居民收入倍差从 1.96 缩小到 1.94；为山区 26 县出台"一县一策"，山区 26 县居民人均可支配收入与全省平均之比从 0.725 提高至 0.732，设区市人均可支配收入最高与最低市倍差从 1.64 缩小到 1.61。在实现共同富裕上，浙江拥有广泛的先行经验和较强烈的创新意识，在城乡居民收入、公共服务、经济社会发展融合等方面奠定了良好的基础。与此同时，浙江在市场经济、环境改善、社会治理等方面也已形成了一些制度创新成果，但在优化经济结构、完善城乡融合、区域协调发展的体制机制等方面仍有较大的探索空间。中共中央、国务院出台《关于支持浙江高质量发展建设共同富裕示范区的意见》（以下简称《意见》），对浙江而言，既是重大光荣使命，亦是前所未有的重大机遇。要通过实践进一步丰富并拓展共同富裕的理论内涵，率先破解发展不平衡不充分问题，建设让人民群众看得见、摸得着、真实可感的共同富裕，努力打造新时代全面展示中国特色社会主义制度优越性的重要窗口，勇立潮头，成为全国实现共同富裕的先行探路者。

---

[①] 袁家军.新华社权威面对面｜袁家军谈"重要窗口"新使命：为共同富裕大局奋力探路.（2022—01—02）[2022—02—04].https://zjnews.zjol.com.cn/gaoceng_developments/yjj/zxbd/202201/t20220102_23591302.shtml.

　　浙江高质量发展建设共同富裕示范区，既有利于发挥浙江的优势特色，又能成为探索破解新时代社会主要矛盾的有效途径，从而为全面展示中国特色社会主义制度优越性设置展示窗口和实践范例，妥善解决人民日益增长的美好生活需要和不平衡不充分的发展之间的矛盾，为全国推动共同富裕提供省域范例，同时也为全人类目前所面临的收入分配两极化提供中国方案、中国思想、中国智慧[①]。浙江省委、省政府提出，浙江将以科技创新和数字变革催生新的发展动能，推动生产力和生产关系深刻变革，推动社会结构和制度规则的系统重塑。推动发展质量变革、效率变革、动力变革，重塑政府、社会、企业和个人的关系，在数字化场景下打造新型教育共同体、医疗共同体、帮扶共同体、社会治理共同体等综合性载体，高效协同、联动解决社会问题、推动共同富裕，切实地为国家推进共同富裕提供浙江素材，打造浙江样板，提供浙江示范，让企业竞争力更强、让社会活力更足、让人民生活更好，让人民群众真真切切感受到共同富裕是看得见、摸得着、真实可感的事实[②]。要把习近平总书记关于共同富裕的重要论述精神作为共同富裕示范区建设的根本遵循，把共同富裕示范区建设作为全省上下最重要的工作，整体谋划构建共同富裕示范区建设的"四梁八柱"，通过组织变革引领社会变革，通过会议推进、清单化管理、改革探索和试点推广、民情通达等四个机制，全力抓好共同富裕示范区建设的统筹协调、整体推进，以重点领域改革为牵引带动共同富裕示范区建设，上下联动全力争取国家层面政策保障和改革授权。

---

[①] 国家发展改革委政研室.国家发展改革委新闻发布会　介绍支持浙江省高质量发展建设共同富裕示范区推进情况.（2022-02-16）[2022-12-18]. https://www.ndrc.gov.cn/xwdt/wszb/fbhzj/?code=&state=123.

[②] 柴燕菲，赵晔娇，王逸飞.浙江省委书记袁家军接受中新社专访：共同富裕要让人民真实可感.（2022-03-09）[2022-11-29].http://www.chinanews.com.cn/gn/2022/03-09/9697087.shtml.

# 第二章

# 数字化改革推进共同富裕的逻辑

## 一、因数而变：浙江数字化改革进行时

随着以 5G、云计算、大数据、人工智能等为标志的第四次技术革命的推进，以数字化、信息化、智能化为标志的生产方式与生活方式变革方兴未艾。基于数字技术的新产业、新业态、新商业模式，如在线会议、云办公、云教育等，展示出强大的韧性和活力。在这样的大背景下，经济社会发展要顺应新发展阶段形势变化，牢牢把握信息革命机遇，依靠数字赋能贯彻新发展理念、构建新发展格局、推动高质量发展，构筑国家新优势，进而建设现代化经济体系，加快建成社会主义现代化强国。同时，通过全面深入推进数字中国战略，培育新发展动能，激发新发展活力，弥合数字鸿沟，加快推进国家治理体系和治理能力现代化，促进人的全面发展和社会的全面进步。

当前，随着数字化、网络化、智能化的迭代深入，数字技术全面颠覆经济社会的运行方式。习近平总书记提出，"加快数字中国建设，就是要适应我国发展新的历史方位，全面贯彻新发展理念，以信息化培育新动能，用新动能推动新发展，以新发展创造新辉煌"①。数字化改革促进了组织运作模式及商业结构变革，并全面赋能社会治理，数字技术给生产方式、生活方式和思维方式带来重大变革，也深刻影响着经济社会发展和国家治理。浙江数字化改革以数字经济、数字政府、数字社会建设为重点领域，三者互为支撑、彼此渗透、相互交融，形成了一个相互依赖和相互作用的数字技术生态系统，推动着整个经济社会发生系统性的深刻变革。

近年来，浙江深入贯彻落实习近平总书记关于建设"数字浙江"的重大决策部署，在推动"最多跑一次"改革、政府数字化转型的基础上，于2021年2月全面启动数字化改革，牵引全面深化改革，取得开创性成效——截至2022年6月，迭代形成"1612"体系构架，建成全省统一公共数据平台，开发上线127个重大应用，完成国家级改革试点331项。数字化改革全方位、系统性地重塑了浙江生产方式、生活方式和治理方式，整体优化生产关系，整体推动生产力水平跃升、经济社会发展质量变革、效率变革、动力变革以及省域治理体系和治理能力现代化。

回溯发展历程，早在2003年1月，时任省委书记习近平同志在浙江省十届人大一次会议上就以极具前瞻性的战略眼光提出"数字浙江"建设。他认为，"数字浙江是全面推进我省国民经济和社会信息化、以信息化带动工业化的基础性工程"②。同年7月，"数字浙江"建设上升为"八八战略"的

---

① 习近平.以信息化培育新动能 用新动能推动新发展 以新发展创造新辉煌.人民日报，2018-04-22（1）.

② 浙里改.数字化改革开启浙江改革新征程.浙江日报，2020-12-21（1）.

重要内容。浙江省数字化改革历史沿革如图 2-1 所示。

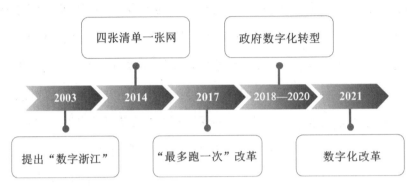

图 2-1　浙江省数字化改革历史沿革

　　也就是说，数字化改革是浙江深入贯彻落实习近平总书记关于全面深化改革和数字中国建设决策部署的自觉行动和总抓手，是"最多跑一次"改革和政府数字化转型基础上的迭代深化。数字化改革是"数字浙江"建设的新阶段，是浙江立足新发展阶段、贯彻新发展理念、构建新发展格局的重大战略举措，是政府数字化转型的一次拓展和升级，主要体现在三个层面：第一，从内涵来看，从数字赋能到制度重塑，数字化改革使经济社会的运转以及治理建立在网络化、信息化、智能化的基础之上，是技术理性向制度理性的新跨越；第二，从领域来看，从以政府数字化转型为引领的重点突破，向以党政机关整体智治为引领，撬动全方位、全过程、全领域的数字化改革跨越，数字空间成为重塑物理空间与社会空间的新载体；第三，从价值来看，从适应数字化浪潮，推动信息技术的逐渐渗透、广泛运用和充分融合，到树立数字意识和思维、培养数字能力和方法、构建数字治理体系和机制，主动引领全球数字变革的跨越，打开了价值创造新空间。

数字化改革聚焦高质量发展、竞争力提升、现代化先行和共同富裕，通过数字赋能助力高质量发展建设共同富裕示范区。全省上下不断拓展并丰富共同富裕的内涵，培养数字思维，提高数字认知，聚焦发展不平衡不充分问题，提高人民群众的获得感、幸福感、安全感；数字化驱动制度重塑，在共同富裕场景下重塑政府、社会、企业和个人的关系，打造数字化生产方式、生活方式、治理方式；随着实践的深入，要进一步深化对数字化改革定义内涵的认识，找到规律和本质，找准重大需求，打造更多最佳实践、形成具有普遍意义的成果。

## （一）数字化改革的理论内涵

从数字技术应用到数字化改革，是一场涉及经济社会发展全局，涵盖生产力、生产关系的全方位变革。新一代数字技术从组织化应用迈向社会化应用，不仅改变了生产方式和管理体系，同时也深刻地改变了社会资源的配置方式和社会组织的运行模式。一场以数字化为形式、以技术进步为手段、以经济社会转型升级为目标的治理变革已经全面展开。数字化改革，既是数字化赋能全面深化改革，也是将数字领域纳入改革范畴。以数字化改革撬动各领域各方面改革，已经成为当下和未来全面深化改革的战略选择。数字化改革呈现出以下三方面特征内涵。

### 1. 以数字技术为要素，催生改革新动能

技术是一种重要的生产要素。数字技术作为一种颠覆性的技术革命，其着眼于对整个系统的赋能而不是孤立的技术应用。如今，各种感应探测技术、大数据、人工智能、物联网的广泛应用，使得以解放和发展生产力为目标的改革工作具备了新动能。

大数据推动改革工作的精准化。一方面，大数据实现了对改革工作全过程的精准掌握，并可预测社会经济发展的趋势，能够针对不同改革领域和问题进行情境映现和成效评估。另一方面，管理决策范式呈现出数据驱动的全景式特征，改革工作可以触达更加微观的层面，在直面问题的同时，借助多维异构数据整合实现全局联动。

数字化流程推动改革工作的高效化。数字化流程使得政府工作可以更为直接地面向人民的现实需求。通过数据采集、共享、处理和反馈，政府和相关主体可以解析、洞察社会经济需求，并通过业务协同实现服务的创新与适配，将"由内而外"的传统政府服务模式转变成"由外而内"的需求发现模式，实现改革创新。

平台协同推动改革工作的系统化。数字化平台改变了传统的以行政命令和责任机制为核心的运作方式，促进了内部协同和风险共担。政府角色也开始转变为平台协同的"规划者"和"参与者"。数字化平台有助于改革工作纳入更多主体，减少过程中的冲突与矛盾，从而提高整体工作的系统性。

### 2. 以数字应用为载体，架构改革新空间

数字空间已经成为物理空间与社会空间的连接载体，其本身已经成为社会活动和经济活动的重要组成部分，且催生了新的生产关系。近年来，随着数字化应用的高度普及与发展，数字空间的发展亟待在体制建设上下大功夫。

随着"数字世界"不断融入"物理世界"与"人类社会"，环境、人类与数据相互影响，形成了以数据要素为核心、高度互联、去中心化的新生产关系。数字世界一方面代表了对现实问题的改革和颠覆，另一方面又是现实世界所存在问题的映射。数字领域的改革往往是试错性的和进化式的。

在保证决策稳定的前提下，改革工作需要随着需求的变化而深化。

数字化改革对政府能力提出更高要求。要让改革工作有效深入到数字领域，需要政府具备针对数字化平台、应用和相关生态的科学治理能力，这进一步要求推动政府工作和决策方式的改革。例如成立围绕创新业务、场景的跨部门合作创新小组，建立专门的数字领域制度建设与治理部门，避免数字化应用带来的社会性和经济性系统风险。

### 3. 以数字治理为模式，共创改革新价值

数字技术使得公民、企业、政府等不同主体打破传统边界，在广泛互联的基础上不断共享创新，依托数字化载体实现各主体之间的交互连接，促使生产和生活关系发生根本性转变。这种关系的改变使得数字化改革的价值创造路径发生改变：从政府为了服务对象能高效便捷获得服务而单方面提升行政管理内部效率，到关注服务对象主动参与服务的交付，在社会范围内协同各主体进行价值共创。

创新体制机制，共创公共价值。数字化改革的价值内容更关注多元主体带来的外部效益，这些外部效益会影响不同主体，不仅涉及服务提供者与服务对象之间的关系，也涉及政府与社会主体之间的关系，从而通过多元主体之间的协同交互来对各个服务场景进行治理，共同创造社会价值。政府角色开始转变为多元主体协同模式下的"统筹规划者"，通过政府与社会接口的定义来界定各个主体的权责，也通过接口的数据交换来协同各个主体在场景中的行为。数字化改革，实则是通过创新管理体制机制，让其更好地适配当下数字化多元利益冲突的挑战。

生产关系重塑，激发新质生产力。随着数字连接的泛在化，社会经济参与者借助广泛、高效的信息闭环形成交互连接，正朝着更加复杂和相互

依赖的劳动分工发展。主体之间的相互依赖性日益增强，逐渐形成"社会化生产"的生产服务方式，激发社会多元主体共同参与公共服务的供给，提高了政府服务的灵活性和专业性。因此，数字化改革实则是建立一套重塑生产关系的机制来激活各主体的积极性，从而进一步提升生产力。

以人民为中心，丰富改革效果评价方式。改革的价值不再围绕单方面的效果，而是通过数据来监督、协同各供需主体实现整体满意，在评价上可以更侧重社会资源的有效配置、省域治理的系统性，以及整体社会经济运行效率的提升。

## （二）数字化改革"三个理性"的认知逻辑

数字化改革正处于通过共同行动不断推向更广泛和更纵深的领域的关键阶段，需要进一步深化对知与行、统与分、整体与局部辩证关系的认识，在认知体系上抓住数字化改革复杂系统特征，从技术理性跨越到制度理性，最后实现价值理性，推进数字化改革长效发展。

数字化改革不仅需要通过不断聚焦问题和模块化来"化繁为简"，更需要时刻关注系统实现的环境、主体行为与系统功能的匹配，并最终将工作重点逐步转移到对系统的状态、演化和过程的把握上。数字化改革在实施初期依赖技术理性和制度理性。技术理性是将数字化技术作为探索与改造世界的智慧结晶，有效发挥其工具属性，成为驱动经济社会发展的主要生产要素；制度理性是通过数字化技术不断深化对经济社会发展规律的系统认知，确立科学的发展理念，激发全社会的动能，形成科学理性的生产方式、生活方式和治理方式。技术理性和制度理性是数字化改革的两大基石，尤其是制度理性应该成为技术理性的引导力量。两种理性最终将汇集于价值理性。数字化改革的价值理性即科技向善，是构建人类命运共同体的内在要求，是共同富裕的重要保障。

从简单系统到复杂系统的技术理性。技术理性即工具理性，指人类追求技术合理性、规范性、有效性和理想性的抽象思维活动、智慧和能力，是一种扎根于人类物质需求及人对自然界永恒依赖的实践理性和技术精神。数字化改革在技术上主要体现为开发实现的复杂性、多系统的逻辑一致性、场景的可变性、数字化底座的不可见性。数字化技术本身不能代替数字化改革过程，即不能用局部的技术应用和开发来代替整体的系统整合与迭代。这就需要数字化技术始终根植于社会生产和生活的大系统，并通过在系统中运行的正负反馈来进行自我调节和优化，从而实现对整个经济社会系统的赋能。

从个体行动到集体协同的制度理性。制度理性是一种集体理性，是指能够在最大程度上以特定方式通过集体努力来形成社会利益最大化的制度安排。从数字化技术理性跨越到数字化制度理性，需要正确处理技术与制度的关系。首先，数字化改革的制度安排是由数字化多跨场景和流程再造所构成的，因此可以从技术理性推出制度理性；其次，数字化系统要发挥作用，一定要适应数字化改革环境的要求。数字化系统在自身系统发展和不断适应环境的双重影响下不断发生演化，并由此确定系统的功能迭代和行动过程。制度理性在数字化改革中的显著体现就是制度重塑，其重要意义在于通过数字化改革形成社会利益最大化的制度安排，并以此作为协同政府、市场、社会多元主体的基本准则，实现治理现代化。

从用户导向到社会共享的价值理性。价值理性是指从某些具有实质性的、特定的价值理念的角度来看技术行为的合理性。价值理性强调以人为本，更加关注是否能够以人的根本需要为出发点，关注整个社会的持续发展与人的关系以及发展成果的分享。在数字化改革价值理性的要求下，政府需要从条块分割、以流程为导向的组织架构转向高效协同的框架，建设变革型组织。在主体上要把多元主体和经济社会系统纳入数字化改革，需要政府通过数字化改革建立与多元主体更加紧密的关系，包括通过平台接口来界定各主体的权责，通过数据交换来协同各主体的行为，通过大数据来监督、协同各类公共品和准公共品的供需，实现社会价值共创共享。

# 二、以数助富：以数字化改革推进共同富裕

随着数字化改革被确定为浙江新发展阶段全面深化改革的总抓手，这项"硬核改革"引领、撬动各方面各领域的改革，为建设共同富裕示范区提供了动力源和能力集。浙江坚持以数字化改革整体贯通、一体推进共同富裕示范区建设，统筹运用数字化技术、数字化思维、数字化认知，发挥数字化改革的引领、撬动、赋能作用，着力打破与数字化时代不相适应的生产方式、生活方式、治理方式，推进经济社会深层次系统性制度性重塑，打通通向现代化的"路"和"桥"，在高质量发展中促进共同富裕。

## （一）数字化改革推进共同富裕的机制和作用

习近平总书记提出重大论断："现在，已经到了扎实推动共同富裕的历史阶段"[①]。党的十九届五中全会审议通过的《中共中央关于制定国民经济和

---

① 习近平.扎实推动共同富裕.求是，2021（20）.

社会发展第十四个五年规划和二〇三五年远景目标的建议》首次把"全体人民共同富裕取得更为明显的实质性进展"作为远景目标提出来。充分贯彻以人民为中心的发展理念，既要进一步把"蛋糕"做大，也要进一步把"蛋糕"分好。以数字化改革推进共同富裕要注重发挥数字技术对经济发展、政府治理、社会运行的正向赋能作用，同时避免数字鸿沟可能带来的数字红利共享不均衡性等问题，增强社会数字包容性。

数字化改革推动共同富裕主要有三大机制。首先，以数字化改革精准识别改革需求，瞄准群众、企业、基层最为迫切的需求、最想解决的问题、最有获得感的领域，打造整体性、系统化的需求清单，明确推进共同富裕的重大关键问题的解决。其次，以数字化改革撬动体制机制改革创新取得重大突破，着力打破与数字化时代不相适应的生产方式、生活方式、治理方式，推进经济社会深层次系统性制度重塑，破除推进共同富裕的体制机制障碍，打破实现共同富裕的瓶颈，创造加快缩小"三大差距"的新动力。最后，以数字化改革推进协同治理，坚持多跨协同解决问题，推动有效市场和有为政府更好结合，激发政府、社会、企业、个人等多元主体活力，以整体性协调推进共同富裕的共建共治共享，提升治理体系和治理能力现代化水平，最终推动人与社会全面发展。

数字化改革推进共同富裕的作用主要体现在三个方面：

首先，发挥数字赋能的基础性作用，提升精准识别企业、群众、基层需求的效率。以数字化改革推进共同富裕，发挥数字赋能的基础性作用，坚持问题导向，以重大需求为牵引实现重大改革。以精准识别需求为突破口，找准企业、群众、基层最为迫切的需求、最想解决的问题、最有获得感的领域，运用数字技术对公众数据进行挖掘、开发和利用，拓宽政府与企业、群众、基层的互动与对话通道，提升需求识别精准性，提升政府服务效率及效能。

数字技术具有低门槛、广覆盖、深介入、快传播等特征，具有普惠包容、绿色环保等属性，数字技术的角色已从单一的通信手段或计算工具，上升为消除贫困、满足不发达地区发展需求、助力弱势群体、帮扶小微企业，最终实现全社会共享发展红利的关键赋能手段。共同富裕既要以数字赋能高质量发展"做大蛋糕"，又要通过数字化手段"分好蛋糕"，对特定区域、特定人群、特定家庭进行精准帮扶。

数字赋能不是空中楼阁，需要持续夯实数据基础，以数据连接赋能需求识别。数据是信息的载体，记载和反映着客观事物的性质、状态以及相互关系，人、机、物三元世界的高度融合引发了数据规模的爆炸式增长和数据模式的高度复杂化，以互联网、物联网和智能设备为主体的信息沟通技术快速推进现代社会的数据化，为观察、记录、传输、存储、分析人类行为和社会状态提供便利。而海量、多维、多源异构、高频实时的数据需要我们进一步提升数据治理水平，提升用户个人信息保护和国家、地区安全水平。

数字赋能需要核心科技驱动，运用数字技术不断提高需求识别的精准性。集成大数据、云计算、物联网等新兴数字技术的数字化平台，为精准供需匹配的实现提供了新的思路和工具。大数据具有规模大、种类多、生成速度快、价值巨大但密度低等特点，既是一种通过高速捕捉、发现和分析，从大容量数据中获取价值的新技术架构，也是一种突破传统思维、建立数字化改革的开放性思维、非线性思维和价值思维的意识。

数字赋能需要嵌入场景，基于企业、群众需求梳理核心业务流程和谋划综合应用场景。流程协同是治理过程中发现重大需求的重要手段，它意味着高效优质的服务与管理必须建立在政府将社会需求置于优先地位的基础上：前期以特定的问题和事项为中心，政府通过数字化平台发挥相关资源分配和行动主体组织方面的中枢性功能；后期应形成一种常态化的正式制度，对体制机制作系统性变革，实现相应的监督、考评与问责等管理制度革新，推动变革型组织建设。

其次，发挥制度重塑的调节性作用，破除数字化改革推进共同富裕的体制机制障碍。数字化改革制度重塑是在数字赋能的基础上，为构建多元主体间新型关系创造条件。其价值在于对数字化改革方向的引领作用，撬动体制机制改革创新取得重大突破，着力打破与数字时代不相适应的生产方式、生活方式、治理方式，推进经济社会深层次系统性制度性重塑。要激活各主体的内生动力并保持由各主体构成的数字化系统的可持续迭代发展，需要在各主体之间建立起程序化、制度化的信息交互机制，明晰各自角色和边界，充分发挥数字价值。

通过数字化改革制度重塑，积极鼓励社会、企业、个人参与治理，形成多元主体及多中心协同的治理网络，建立制度化的治理协同机制。充分发挥社会、企业和个人的专业化、市场化、社会化优势，破除制约数字生产力释放的体制机制障碍，建构多元协同治理的利益表达、利益凝聚与利益协调机制。重新实现社会结构的组织化、秩序化，通过协调与维系各主体间利益关系，建构协同治理的长效运作机制。

就政府内部而言，数字化改革制度重塑需要在纵向上打通省市县三级数据平台，强化数据治理闭环管理与数据共享，破除影响跨层级流程与业务协同的体制机制；在横向上，每个层级与每个部门都要找准自身站位，从核心业务梳理中发现问题，多打大算盘、算大账、算长远账，善于把本地区、本部门工作融入整体事业发展大棋局，使得流程更能够与技术相融合，进一步实现组织结构及制度层面的调整和变革。

就政府与社会、企业、个人而言，数字化改革制度重塑应充分发挥社会与企业的主观能动性，从根本上解决内外信息不对称、政策回应慢等问题，避免有效治理中政府的"错位""越位"和"缺位"等现象，促进社会、企业和个人的健康发育、理性成长，及时有效地把社会、企业和个人有机融入治理网络中，实现社会治理的协调有序发展。

就社会、企业与个人而言，数字化改革制度重塑应推动社会与企业构成除政府以外的重要中心，能通过联结政府与公众，充分利用自身的社会资源和专业技术优势提供服务，在减轻政府负担的同时扩大公众对社会事务的知情度和参与度，并根据不同情景给出个性化解决方案，从而更加有效率、有策略地促进社会和谐与进步。作为最广大的主体，社会公众是复杂社会网络最基本的构成要素，是社会信息最直接、最灵敏的感知者、提供者，也是社会联系最广泛的承载者，他们在复杂社会网络中通过各种途径和方式自组织地参与社会事务、管理社会事务，能够释放出巨大的活力。

最后，发挥协同治理的价值导向作用，以共建共治共享提升各层面各主体的获得感与认同感。纵深推进数字化改革，要在精准识别需求和激发各多元主体活力的基础上，进一步实现数字化改革中各子系统间的互相协调和互相协作。关键是坚持多跨协同解决问题，推动有效市场和有为政府更好结合，推动社会公共事务向整体治理方向发展，使各主体围绕数字化改革与共同富裕的目标协同共治，实现多主体共创最优整体价值，以整体协调推进共建共治共享。

数字化改革协同治理的对象是一个数字化的复杂系统。现实社会的多样性和复杂性程度随着社会的发展和社会转型的深入而不断提升，环境和社会事件的复杂性、关联性和不确定性都对政府、社会、企业、个人等各种力量的协同提出更高要求。通过复杂网络的数据化，可以实现子系统间的相互合作，可以使系统产生微观层次所无法实现的新系统结构和功能。

数字化改革协同治理的目标是多元自主性和整体最优性，是政府、社会、企业和个人等主体基于平等协作达成默契配合，并井然有序地、自发和自组织地参与数字化改革的集体行动过程。通过协商对话、相互合作等方式，数字化改革在各个系统中实现内外融合、上下贯通对接，把社会系统中的各种要素在统一目标、内在动力和相对规范的结构形式中整合起来，从而实现治理资源配置效用最大化和社会系统整体功能的提升，是对现有治理理念、方式、路径和机制的重要创新，也是治理体系和治理能力现代化的重要体现。

数字化改革协同治理的途径是构建多元主体协同创新机制，各主体间要有协同意愿、共同目标和信息沟通，要建立起多元主体之间纵向与横向复合的协同创新机制，通过治理网络中各主体、各层次围绕治理目标的协同行动，不断提升社会网络的容错能力，实现协同治理的帕累托改进及社会整体功能的优化。政府作为核心主体，要发挥主导作用，做好对其他治理主体的培育和平台搭建工作，同时，协调并激发多元主体的参与活力与动力，实现横向与纵向协同治理[①]。

## （二）数字化改革推进共同富裕的实践探索

数字中国是实施国家大数据战略的主要目标，是一个包括数字经济、

---

① 刘渊.纵深推进数字化改革新突破.浙江日报，2022-03-21（6）.

数字政府、数字社会"三位一体"的综合体系，三者分别是大数据战略在经济发展、政府治理和社会运行领域的应用与表现。习近平总书记提出："加快数字经济、数字社会、数字政府建设，推动各领域数字化优化升级"①，并指出要"激发数字经济活力，增强数字政府效能，优化数字社会环境"②。《中华人民共和国国民经济和社会发展第十四个五年规划和2035年远景目标纲要》明确提出加快数字化发展，建设数字中国的要求，强调加快建设数字经济、数字社会、数字政府，以数字化转型整体驱动生产方式、生活方式和治理方式变革。数字经济、数字社会、数字政府三者互为支撑、彼此渗透、相互交融，既是数字化发展的重要组成部分，也是浙江数字化改革推进共同富裕实践探索的主要着力点。

数字经济、数字社会、数字政府的健康有序发展需推动"有效市场＋有为政府"更好结合，充分发挥市场在资源配置中的决定性作用，破除制约高质量发展、高品质生活的体制机制障碍，保障经济社会平稳有序运行发展。浙江以数字化改革推进共同富裕示范区建设，统筹运用数字化技术、数字化思维、数字化认知，发挥数字化改革的引领、撬动、赋能作用，着力打破与数字化时代不相适应的生产方式、生活方式、治理方式，推进经济社会深层次系统性制度性重塑，从整体上推动省域经济社会发展和治理能力的质量变革、效率变革、动力变革，与习近平总书记提出的"实现更高质量、更有效率、更加公平、更可持续、更为安全的发展"③接轨。

浙江按照中央的决策部署，积极把中央的要求和浙江的具体实际相结合，显著提升经济发展质量和效益，构建多跨协同、高效运行的治理体系，

---

① 习近平.国家中长期经济社会发展战略若干重大问题.求是，2020（21）.
② 习近平向2021年世界互联网大会乌镇峰会致贺信.人民日报，2021-09-27（1）.
③ 中共中央政治局召开会议决定召开十九届五中全会.人民日报，2020-07-31（1）.

以数字经济、数字政府、数字社会为重点领域，整体贯通、一体推进数字化改革与全面深化改革、共同富裕示范区重大改革任务。浙江将稳进提质、除险保安、塑造变革，继续以缩小地区、城乡、收入三大差距为主攻方向，积极推出有利于经济稳定的政策，发挥政府、企业、社会各方面的作用，对经济、社会、治理各方面进行全方位系统性重塑，推动人的全面发展和社会全面进步，努力打造一批标志性成果。

共同富裕的理论内涵随着经济社会的发展不断动态演化，在数字中国建设情境下，更具有鲜明的中国式现代化的时代特征。实现共同富裕是一个持续推进、持续迭代、持续演化的复杂系统工程，既要通过"做大蛋糕"不断夯实共同富裕基础，又要通过"分好蛋糕"推进发展红利公平共享，以促进收入增长、加速产业转型、强化服务供给、推进组织变革、提升精神生活等为主要路径。近年来，随着数字技术在经济发展、政府治理、社会运行等领域的嵌入与应用不断加强，数字赋能高质量推进共同富裕成效日益凸显，数字化改革不断催生重塑浙江经济社会发展的新动能。

相较于工业经济时代，数字化显著提升了经济社会发展的质量、效率和动力，各领域的数字系统、数字平台的综合应用为完全信息提供了载体，有效解决政府、企业、社会之间的供需信息不匹配难题，促进各类社会资源的科学配置与宏观政策的精准落地，为缩小城乡差距、地区差距、收入差距，缓解人民日益增长的美好生活需要和不平衡不充分的发展之间的矛盾创造了可能。数字化成为共同富裕的关键影响因子，正如同工业时代电力革命从根本上重估了劳动力价值一样，数字算力和数字智慧也正在从根本上大规模替代人的脑力。至此，劳动致富的内涵、创造财富的方式、共同富裕的路径正在被数字化这一穿透性变量所改写，例如：数字技术扩散提升了数字素养，大数据带来的个性化需求匹配增强了幸福的体验，数字技术的应用提升了治理的智慧化水平，数字规则的制定推进了分配算法的科学性，数字教育、文化等的发展加速了精神文明建设⋯⋯

浙江省第十五次党代会指出，引领改革风气之先，一体推进全面深化改革、共同富裕示范区重大改革和数字化改革取得更大突破。"数字中国引领区＋共同富裕示范区"相融，引发生产方式、生活方式和治理方式叠加的颠覆性重大变革。数字化改革所打造的数字经济、数字政府、数字社会等应用场景，将促进共同富裕融入区域协调发展战略、乡村振兴战略、新型城镇化战略，稳步推进收入分配公平、基本公共服务均等、就业创业机会均等、教育医疗公平、精神文明建设和文化资源普惠，以精准性、跨层级性、跨区域性和前瞻性的数字治理满足数字时代下的紧迫性、多样性、特殊性、突出性等经济社会发展需求特征。也就是说，数字化改革不仅为实现共同富裕提供了具体的方法与路径，其迭代升级更是能够不断推进共同富裕理论内涵层级跃升。

从经济发展视角来看，数字化改革全面激发经济发展新动能，构建共同富裕时代背景下的新型生产关系。数字技术的协同效应、网络效应、扩散效应、效用递增效应催生经济增长新的机理与路径，在众多领域对传统生产方式和生产关系（同步表现在城市与农村）产生颠覆性影响，平台化、网络化、云端化、智能化成为数字化生产的主要代表，带来产业运行方式和价值网络的重要改变，促使规模报酬递增。数字化改革加速数字赋能，构建平台多边市场，通过各行业之间的数据强连接推进产业融合创新，催生新经济新业态，加速数字经济发展，促进资源共享和信息互通，培育市场化数据要素，降低交易成本，通过提升企业生产力水平、提高低收入群体收入水平、推动居民创业机会均等化等途径有效弥合城乡差距、地区差距和收入差距，进而加速推进共同富裕示范区建设。基于数字化改革与共同富裕在经济发展领域的理论关联，本书将在第三章中选取山区县生态产品价值实现、"来料加工"传统产业转型升级以及产业集群地区产业大脑建设三个案例，深入探究数字经济发展赋能共同富裕的机制与路径。

从政府治理视角来看，数字化改革系统打破传统科层制体系，打造共同富裕背景下的基层变革型组织。在党建引领的前提下，基于"技术—组织—环境"逻辑构建组织内改革、组织间协同和全社会参与的数字赋能理论框架，数字化形成的数字资产，使组织架构、业务流程、服务模式、决策方式等产生巨大变革。数字技术打破政府、企业、社会之间的藩篱，促进各主体间的高效协同，以"线上＋线下"相互结合、"物理空间＋数字空间"虚实映射等形式有效解决了推进共同富裕过程中的公共服务供给不足、不精准、不及时等难题。同时，通过数字政府建设打造"最多跑一次""不见面审批"等系列应用场景，加速整体智治变革中的功能整合、层级整合与公私整合，通过多跨协同弥补治理过程中诉求不明确、信息不对称、回应不及时、流程不透明、权责不清晰、审批碎片化等问题，促进经济社会的协同性、共享性发展，显著提高群众、企业的满意度。基于数字化改革与共同富裕在政府治理领域的理论关联，本书将在第四章中选取空间治理数字化、山区县共富联合体建设、基层治理服务三个案例，深入探究数字政府建设赋能共同富裕的机制与路径。

从社会运行视角来看，数字化改革同步提升物质与精神层面的需求层次，触及共同富裕背景下的最小社会单元神经末梢。从数字经济到数字政府再到数字社会，数字化赋能沿着从技术理性到制度理性再到价值理性的路径，持续推进全社会范围内的数字化转型。通过数字技术的充分应用，社会运行颗粒度不断降低，个体画像更加精准，数字鸿沟不断弥合。物质富裕决定了社会的整体福祉水平和发展能力，精神富裕则关系到人民群众对于经济社会发展的主观感知。数字文旅等场景建设不断提升人民群众的文化精神产品消费体验，抵消物质产品的边际效用递减效应，提高消费层级，增进其幸福感。也就是说，数字化改革所释放的"数字红利"不仅通过收入增长等物质层面的财富积累提高群众获得感，更通过数字社会的神经末梢——未来社区与未来乡村的建设，持续提高群众精神层面的幸福感与安全感，让改革成果可感知、可触及、可享受，营造城乡融合、区域联动的高质量发展氛围。基于数字化改革与共同富裕在社会运行领域的理论关联，本书将在第五章中选取未来社区建设、数智乡村建设和文旅大脑建设三个案例，深入探究数字社会发展赋能共同富裕的机制与路径。

综上所述，本书就数字化改革推进共同富裕的浙江探索与实践，从数字经济、数字政府、数字社会三大领域展开案例研究（见图2-2）。

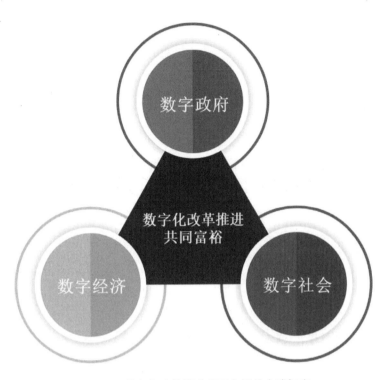

图 2-2　数字化改革推进共同富裕的实践探索

# 第三章

# 数字化改革推进共同富裕在经济发展领域的实践

## 一、数字经济：激发高质量发展的增长动能

共同富裕以富裕为前提，首先要"做大蛋糕"，发展是硬道理。要充分发挥市场在资源配置中的决定性作用，激发各类市场主体活力和内生动力，打造有效市场，激发高质量发展的增长动能，同时发挥政府作用，完善宏观经济治理，加快转变政府职能，为社会成员提供一个公平、正义、安全的市场竞争环境，合理调整市场分配过程中形成的贫富分化，促进共同富裕。

随着互联网、大数据、云计算、人工智能、区块链等技术加速创新，数字经济正在成为重组全球要素资源、重塑全球经济结构、改变全球竞争格局的关键力量，是畅通经济循环、激活发展动能、增强经济韧性的重要支撑。习近平总书记指出，"发展数字经济意义重大，是把握新一轮科技革命和产业变革新机遇的战略选择"，有利于"增强经济发展动能、畅通经济

循环"①，是提升产业链供应链自主可控能力、打造未来竞争新优势的迫切需要，是推动制造业高质量发展、支撑构建新发展格局的重要途径，也是抢占国际竞争制高点、把握发展主动权的战略选择，是构建现代化经济体系的重要引擎，能为经济社会持续健康发展提供强大动力。当前，经济全球化遭遇逆流，我国经济发展面临的形势严峻复杂，新一轮科技革命和产业变革加速演进，数字化转型已是大势所趋。

数字经济是继农业经济、工业经济之后的主要经济形态，是以数据资源为关键要素，以现代信息网络为主要载体，以信息通信技术融合应用、全要素数字化转型为重要推动力，促进公平与效率更加统一的新经济形态。当前，数据已成为关键生产要素，数字技术正在不断赋能经济发展新动能，壮大数字经济生产力，构建数字经济新型生产关系，重塑治理模式。加快推进数字经济高质量发展是重组全球要素资源、重塑全球经济结构、改变全球竞争格局的关键，中国需充分发挥海量数据和丰富应用场景优势，促进数字技术与实体经济深度融合，赋能传统产业转型升级，催生新产业、新业态、新模式，以让数字红利惠及更广大人民群众为根本目的，充分激发数字经济发展潜能，夯实高质量发展建设共同富裕示范区的经济基础。

我国数字经济发展较快、成就显著，其发展速度之快、辐射范围之广、影响程度之深前所未有，数字经济发展规模全球领先，为推动经济健康、可持续增长提供了强大的动力。而数字政府与数字社会建设进一步推动公共服务普惠均等，不断释放数字红利。

数字经济是浙江数字化改革的六大综合应用之一，是数字化改革推进共同富裕的重要引擎，以数字经济"一号工程"升级版为主阵地，以"产业

---

① 习近平.不断做强做优做大我国数字经济.求是，2022（2）.

大脑＋未来工厂"为核心业务场景，以数据资源为关键生产要素，以现代信息网络为主要载体，以信息通信技术融合应用、全要素数字化转型为重要推动力，是数字化改革在经济发展领域的生动实践，在促进效率提升和经济结构优化升级的同时，其发展成果将更多更公平地惠及全体人民。

浙江是数字经济大省，自 2002 年部署"数字浙江"、2003 年《数字浙江建设规划纲要》提出"以信息化带动工业化，以工业化促进信息化，实施走新型工业化道路的发展战略，使信息化、工业化、城市化、市场化和国际化的进程有机结合，加速实现现代化"[①]，为浙江数字经济发展提供系统性指导以来，浙江历经发展电子商务的突破期以及成为国家首个信息经济示范区的示范期，并于 2017 年将发展数字经济列为"一号工程"，2021 年进一步提出实施数字经济"一号工程"2.0 版。2021 年浙江数字经济主要数据如表 3-1 所示。

表 3-1　2021 年浙江数字经济主要数据[②]

| 产业分类 | 指标 | 数值 |
|---|---|---|
| 数字经济核心产业 | 增加值 / 亿元 | 8348 |
| | 同比增长 /% | 13.3 |
| | 对经济增长贡献率 /% | 17.1 |
| | 增速高出全省 GDP/ 百分点 | 4.8 个 |
| | 占 GDP 比重 /% | 11.4 |
| 规模以上数字经济核心产业制造业 | 增加值 / 亿元 | 3095 |
| | 同比增长 /% | 20.0 |
| | 增速高出规模以上工业 / 百分点 | 7.1 个 |

---

① 浙江省人民政府.数字浙江建设规划纲要（2003—2007年）.（2012-07-14）[2022-02-26]. http://www.zj.gov.cn/art/2012/7/14/art_1229019364_63230.html.

② 数据来源：浙江省统计局.高水平全面建成小康社会　奋力担当高质量发展建设共同富裕示范区新使命.（2022-04-21）[2023-03-21].http://tjj.zj.gov.cn/art/2022/4/21/art_1229129214_4915328.html.

# 第三章 数字化改革推进共同富裕在经济发展领域的实践

浙江数字经济发展位居全国前列，是我国数字经济发展先行区，是中国培育发展新动能、驱动经济高质量发展的重要缩影。在浙江的全国数字产业化发展引领区、产业数字化转型示范区、数字经济体制机制创新先导区和具有全球影响力的数字科技创新中心、新型贸易中心、新兴金融中心建设取得积极进展。近年来，浙江着力推进数字产业化、产业数字化、治理数字化和数据价值化，浙江的国家数字经济创新发展试验区和数字经济系统建设成效显著，全省数字经济发展势强行稳，引擎动能显著增强，成为推动全省经济基本盘稳固的硬核支撑。

扎实推动高质量发展建设共同富裕示范区，要突出科技创新、数字变革，探索经济高质量发展路径，推动全民共享数字红利，统筹推动数字化改革和共同富裕，重塑政府、社会、企业和个人之间的关系，以数字赋能推动政策集成化、精准化，探索构建数字化时代有利于共同富裕的新规则、新政策、新机制。数字技术、数字经济可以推动各类资源要素快捷流动、各类市场主体加速融合，帮助市场主体重构组织模式，实现跨界发展，打破时空限制，延伸产业链条，畅通国内国际双循环；数字经济的高创新性、强渗透性、广覆盖性，不仅是新的经济增长点，而且是改造提升传统产业的支点，可以有效扩大消费需求，激发投资活力，提供新的就业岗位，是推动供给侧结构性改革、产业基础高级化、产业链现代化的有力抓手；数字经济是科技革命和产业变革的先机，已成为国民经济中最为核心的增长极之一。

数据作为数字经济时代的关键生产要素，与土地、劳动力、资本、技术等并列为赋能经济发展新动能的要素。充分激发数据要素的价值是推进数字经济发展的重要基础。新动能的出现将诱导新型生产关系的构建，数字平台应运而生，为各生产主体的数据交互与关系重构提供了载体，构建数字网络生态系统，通过网络效应、规模效应等不断推动产业数字化与数字产业化规模的扩充。在这一情景下，政府作为核心主体，以培育其他治理主体和搭建平台为职责，通过整体性协调促使各子系统功能之间产生耦合，激发系统整体功能倍增作用。同时，对于这种新型生产关系背后的伦理及固有的垄断等新治理问题，通过社会治理网络中各主体、各层次协同行动，提升网络容错能力，实现治理的帕累托改进及整体功能的优化，保障数字经济健康平稳运行。

数字经济健康规范发展，是高质量发展建设共同富裕示范区的重要基础，数字化改革推进共同富裕在经济发展领域的作用机制如图 3-1 所示。

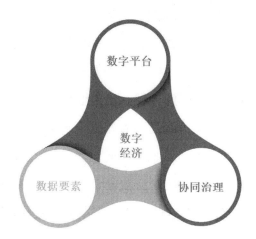

图 3-1　数字经济：激发高质量发展的增长动能

### 1. 数据要素：充分激发数据要素价值，实现数字引领

数据作为一种新型的生产要素，已经深度融入经济价值创造过程，对经济社会发展产生了深远影响。数据要素贯穿数字经济发展的全流程，具

有价值共享、批量复制、即时传输、无限供给等特点，有效突破了土地、资本等传统生产要素对经济增长的制约。加强数据要素与其他生产要素的组合迭代、交叉融合，推动生产要素多领域、多维度、系统性、革命性突破，能够有效引领经济社会实现从生产要素到生产力，再到生产关系的全面系统变革。

数据对于推动经济增长具有倍增效应，充分激发数据要素的价值是推进数字经济发展的重要基础。推动数据要素加快形成生产力，要激发数据要素潜力，破除传统要素的局限，优化资源配置，实现实体经济与数字经济深度融合。首先，规范数据要素权利，降低数据交易成本。明确数据权利类型，确定数据权利主体，在保护数据权利的基础上建立规范的数据要素市场，通过降低搜寻成本、复制成本、传输成本等，降低数据交易成本，激发数据要素的市场化流动，重塑经济活动形态。其次，鼓励数据要素应用创新，引导推动产业转型升级。鼓励企业通过数字技术与传统产业的深度融合，进行研发、设计、生产、营销与决策各环节的数据要素应用创新，促进企业生产与管理方式创新，推动生产模式、组织形态和价值分配领域的全面变革，实现产业结构转型升级。再次，完善公共数据的采集、开发与共享。由于公共数据具有天然垄断性、低隐私性和价值稀疏等特征，需要公共部门划定数据边界，完善数据规范，构建从国民经济运行到自然资源利用、从宏观经济运行到微观企业管理的数据流，进而推进精准化公共决策。最后，抢占技术和产业发展制高点。聚焦数字产业集群化发展，瞄准新一轮全球竞争焦点，着力发展数字经济基础产业，做强优势产业，不断提升产业链和价值链。同时，加速数据的生产、加工和利用，使其自身不断发展成为一个庞大产业。

### 2. 数字平台：推动数字平台优化资源配置，实现效率变革

新动能的出现将引发新型生产关系的构建，数字平台正成为各生产主体交互的重要载体。数字平台具有主体多元化、客体规模化、结构复杂化等特征，本质上是一个由多主体交互作用、数据与技术驱动的复杂适应性生态网络系统。数字平台的"内核—接口"架构机制既能分化出承载不同功能的子模块，又能按照一定的设计规则将这些模块有机地整合联系起来，以满足不同维度的经济发展需求。数字平台集中了主体、技术、资本、资源与创新等多维度要素与能力，从而能够利用数字资源通过网络效应、边际规模递增效应破解传统经济社会发展由于信息不对称造成的资源错配、配置效率低等问题，促进产业链、供应链、价值链的融合融通，提升全要素生产率，持续推进整体经济运行提质增效。

实现数字经济的效率变革，实际上就是探索发现数字平台主体新交互方式的模式与规律，进而变革传统的企业管理、社会治理手段与制度，挖掘平台最大的资源配置潜力。首先，要转变社会经济治理视角，从治理个体视角转变为治理平台视角，明确平台主体的权与责。其次，通过数据的开放流动与联通共享，促进价值链上各企业间以及跨价值链跨行业的不同组织间开展大规模协作和跨界融合，实现价值链持续优化与再造。最后，根据平台技术架构的特性，分化出承载不同功能的子模块，按照一定的设计规则将这些模块以新的逻辑重新整合，通过市场机制自发地满足不同维度不同领域的经济社会发展需求，提高不同要素间的资源配置效率，激发创新思维、创新能力、创新活力，从而实现效率变革。

### 3. 协同治理：营造公平有序的市场环境，实现协同治理

从历史角度看，每一次重大的技术进步都会显著提高劳动生产率，从

整体上促进经济快速增长和社会发展，但也常常出现新的伦理、治理问题。如果不对数字经济进行有效治理，数字技术创新即使在经济效率上取得成功，也很可能不利于缩小收入分配差距，从而影响公平与效率的统一。只有鼓励不同层级和不同主体之间的良性竞争、协同治理，数字经济才能产生对新经济增长范式的适应性，实现全社会系统整体功能的优化。数据要素不同于其他生产要素，其本身作为高度虚拟化的非实物对象，要实现清晰的产权界定极为困难。很多非互联网企业、机构和消费者在触网过程中留下的数据被大型数字平台企业收集占有，导致相关主体参与数据要素报酬的分配过程受阻，产生报酬与贡献度不匹配等问题。因此，必须强化数字经济规范化监管，提高政府监管的科学化水平，建立"政府管平台，平台管从业者"的双层管理体系，重视数字经济领域资源配置是否优化、是否公平的分析与监督，从而构建现代化的、持续完善的数字经济治理体系。

　　无处不在的数字基础设施、按需使用与共享的新模式以及各种数字赋能改造的新商贸零售、科技金融等降低了个体参与经济活动的门槛，使得数字经济出现"人人参与、共建共享"的普惠格局。数字经济健康发展，需强化协同治理和监管机制，创新协同治理模式，强化跨部门、跨层级、跨区域协同监管，明确监管范围和统一规则，加强分工合作与协调配合，推进政企联动、行业联动的信用共享共治，探索开展跨场景、跨业务、跨部门联合监管。数字经济的共建共治共享，一方面要鼓励打造企业数字平台，提升企业内部管理效率和外部产业链上下游的协同水平，发挥产业互联网的创新应用，增强网络化协同能力；另一方面要推动政产学研等多方主体共同参与，形成经济领域的多元协同生态，推动有效市场和有为政府更好结合，以场景引企业、企业带产业、产业建生态。在纵深推进数字化改革的大背景下，政府作为核心主体，以搭建数字经济框架、培育各类治理主体、规范数字经济环境为职责，通过整体性协调促使各子系统功能之间产生良性耦合。同时，直面这种新型生产关系背后的新治理问题，通过治理网络中各主体、各层次的协同行动，同步满足人民群众、企业等微观主体和宏观经济社会发展需求，通过流程再造、模式重构、制度重塑等系列手段实现量化闭环监管，进而推进数字经济整体系统优化，推动数字经济持续健康发展[①]。

## 二、安吉促进生态产品价值实现，推动农民就地就近致富

"'十四五'时期，我国生态文明建设进入了以降碳为重点战略方向、推动减污降碳协同增效、促进经济社会发展全面绿色转型、实现生态环境质量改善由量变到质变的关键时期。要完整、准确、全面贯彻新发展理念，保持战略定力，站在人与自然和谐共生的高度来谋划经济社会发展"[②]，要坚持系统观念，打造系统性的生态产品价值实现机制。建立健全生态产品价值实现机制有助于推进城乡区域协调发展，精准对接、更好满足人民差异化的美好生活需要，带动广大农村地区发挥生态优势就地就近致富、形成良性发展机制[③]，将生态资源优势转化为产品优势并实现其内在价值，扎实推动共同富裕。

---

① 刘渊. 着力推动数字经济持续健康发展. 光明日报，2022-06-17（6）.
② 保持生态文明建设战略定力 努力建设人与自然和谐共生的现代化.人民日报，2021-05-02（1）.
③ 中共中央办公厅，国务院办公厅.关于建立健全生态产品价值实现机制的意见.（2021-04-26）[2021-11-12]. http://www.gov.cn/xinwen/2021-04/26/content_5602763.htm.

数字经济是信息技术创新的扩散效应、数据和知识的溢出效应、数字技术释放的普惠效应日益凸显、交互作用的综合结果，为推动科技同生态深入协同发展提供了新的契机和重要增长点，有利于提高要素效率、资源效率、环境效率、治理效率，最终促成新旧动能加快转换，推动发展方式转变，实现数字经济生态化和生态经济数字化。

生态产品价值实现是典型的跨部门、跨领域、跨业务、跨层级多跨协同的应用场景，是在政府主导下，通过企业和社会各界参与，依托市场化的运作，探究可持续的生态产品价值实现路径。生态产品价值实现以数字化技术对生态资源进行权责确定与系统整合谋划，通过系统重塑生态资源多主体管理机制，解决生态资源变资产为资本的价值转化问题，促进共同富裕。安吉是"绿水青山就是金山银山"理念的发源地，自然资源部在关于政协十三届全国委员会第四次会议第 0602 号（资源环境类 062 号）提案答复的函中明确提出，支持安吉探索可复制、可推广的生态产品价值实现路径。安吉两个生态产品价值实现的数字化应用场景——"两山银行"和"安吉白茶全产业链大数据中心"，通过对生态资源的数字化确权与系统整合、市场化交易的路径，以数字赋能与制度重塑初步实现了多跨协同，形成了数字赋能生态产品价值实现模式。

## （一）数字经济成为生态产品价值实现的强大引擎

数字经济是生态产品价值转化的强大引擎，激活"沉睡"的生态资源，引导要素向生态产品价值重塑与创造过程流动[①]，通过数字经济生态化与生

---

[①]　张银银.数字经济推动生态产品价值实现——来自全国首个生态产品价值实现机制试点城市丽水的实践.中国社会科学报，2021-11-16(9).

态经济数字化不断促进生态产品溢价。数字经济推动生态产品价值实现是通过互联网、大数据、人工智能等数字技术嵌入产业链和价值链，促进生态产品的产业链节点突破、向价值链两端攀升，通过技术创新、集成创新推进农产品研发，通过品牌建设提升农产品附加值。

数字经济生态化，一是以生态化为趋向和原则，强化数字经济的生态标准，把资源消耗、环境损害、生态效益等体现生态文明建设状况的指标纳入数字经济，使生态环境成为推动数字经济发展的重要导向和约束指标；二是在谋划和部署数字经济时，增加生态因素的考量，提升生态因素在数字经济中的权重，为数字经济提供更多的生态产品和供给保障，促进数字经济在绿色低碳轨道上运行；三是聚焦生态领域减污、降排、生态保护和修复等重大需求，发挥数据等作为新生产要素的作用，推动互联网、大数据等技术同生态产业有机结合，以关键技术突破支撑能源、交通、建筑等重点行业绿色低碳发展，进而带动整个社会实现可持续发展[①]。

新一代信息技术对生态经济具有显著的放大、叠加、聚合、倍增、乘数效应。所以，持续加大生态经济领域的数字赋能，一是加快先进适用数字技术在生态领域的应用，推动生态经济发展的质量变革、效率变革、动力变革；二是加快推动产业融合，打造生态经济的新业态、新模式，激发生态经济内生增长潜能；三是加快数字赋能传统生态经济产业转型升级，提升整体生态经济的数字化、网络化、智能化水平。

### （二）数字经济推动生态产品价值实现的理论逻辑

数字赋能生态产品价值实现是一项多方参与、统筹协调、整体推进的

---

① 许先春.推动生态经济和数字经济深度融合发展.中国环境报，2022-01-24（3）.

系统工程,以数字赋能自下而上激活各类生产要素,以制度重塑自上而下保障要素之间的良性联动,完成从技术理性向制度理性的跨越。这一跨越需要从资源层到产业层再到治理层,即通过数字基础设施建设,明晰生态资源的权责界定,打破信息壁垒和时空限制,实现生态资源精细化管理;通过集成整合分散的生态资源,形成产业规模,实现生态资源市场化运营;通过创新生态资源的投入与分配方式,激发各方主体共建、共治、共享的内生动力,实现多方主体协同化治理。针对生态资源特征与发展问题,统筹运用数字化技术、数字化思维、数字化认知,践行"绿水青山就是金山银山"理念,为生态产品价值转化增添动力,促进产业与生态"共生"发展,提升生态产品产业价值链,为推进共同富裕、实现人与自然和谐发展提供支撑点和发力点。

第一,资源层:以生态资源权责界定清晰为前提,构建数据底座,实现精细化管理。生态资源具有流动性、跨区域性等特征,难以清晰界定产权和责任,也难以明确受益主体,阻塞了"绿水青山"与"金山银山"之间的转化通道。生态资源确权登记是构建完整的生态要素产权市场体系和市场结构的前提,产权明晰是生态产品价值实现的基本条件之一。如果权责不清,大量优质生态资源将难以进入市场交易,无法创造经济效益。因此,需通过卫星遥感、测绘等数字化技术,使"像素"模糊的生态资源"成像",构建数据底座,形成数字孪生,做到显山露水、显乡露村。借助区块链技术,对生态资源进行确权登记,确定权责归属,从而解决生态资源权责不清、家底不明等堵点难点问题。

第二,产业层:以生态资源整体规划统筹为手段,应用数字平台,实现市场化运营。生态资源零星分散,呈碎片化分布,导致无法发挥生态产品经营的规模效益。传统生态产品提供的大多是初级产品、原材料，产业链条短、附加值低、创新性不足，需要对生态资源进行整体规划和统筹协调，化零为整，形成规模优势，提高农业生产效率，夯实生态产品价值实现基础。因此，需在具有整合资源、匹配市场供需、打通产业链功能的平台上，构建生态产品交易市场和交易机制，优化生态资源配置效率，降低农业生产和管理成本，形成对生态资源的合理利用、对生态产品市场的供需匹配、对生态资源全产业链的延长与追溯。在横向层面放大规模经济效应、范围经济效应与网络经济效应，在纵向层面形成不同产业层次的良性整合互动，将生态资源优势转化为生态经济优势。

第三，治理层：以生态产品价值实现普惠为目标，通过制度重塑，实现协同化治理。生态资源具有公共属性，既要防止由于非排他性带来的搭便车效应，导致供给不足，更要防止资源过度利用带来的负外部性，酿成公地悲剧。在投入上，生态资源开发与保护需要完善生态补偿制度，充分发挥市场创新与社会自治的作用，激发各主体内生驱动力，形成合力；在分配上，制定合理的报酬分配机制，让利于民，以涓滴效应、溢出效应实现"发展成果由人民共享"，提升数字红利的普惠性。因此，需借助数字化技术，在生态资源权责界定清晰和整体规划统筹的基础上，以数据要素畅通生态产品价值实现链路，实现生态资源变资产为资本的价值转换。通过动态调节和制度重塑缩小不同群体之间和产业从业者之间的收入差距，打破数字壁垒，消除数字鸿沟，共享数字红利，从不平衡不充分转向多主体"均衡发展"，促进协同治理，实现共同富裕。

## （三）数字经济推动生态产品价值实现的安吉实践

随着数字技术的持续深入使用与迭代，数字赋能生态产品价值实现的"安吉样本"初见端倪，形成了"底座＋平台"的内生动力激活路径。

### 1. 资源层: 不断夯实安吉生态资源管理的数据底座

安吉以生态资源数字平台为载体，打造从源头保护、开发利用到末端修复治理的"全生命周期"管理体系的数据底座，运用数字化技术进行生态资源确权，建设"一链一库一图一码"，推进自然资源全流程管理数字化、信息化和智能化，为生态资源变资产成资本提供基础。首先，以测绘和地理信息为基底，整合、规范、扩展了国土、矿资、林业等数据资源，建成包含 3 个大类、44 个小类、289 个图层的县域生态资源数据平台，开展县域自然资源数据空间治理，对接省市国土空间平台，实现省市县三级空间数据全贯通。其次，开展生态产品基础信息普查，摸清各类生态产品数量、质量等底数，形成生态产品目录清单，利用网格化监测手段，基于产权登记和自然资源"三权分置"改革，明晰各主体权责。最后，结合业务流转实现生态资源数据的统一管理、实时共享和跨层级贯通，构建生态资源"调查—评估—管控—流转—储备—策划—提升—开发—监管"的全过程工作机制，跟踪掌握生态资源数量分布、质量等级、功能特点、权益归属、保护和开发利用情况，形成自然资源资产负债表，精确核算 GEP（生态系统生产总值）总量。

### 2. 产业层: 全面推进安吉白茶全产业链数字化升级

面对政府端、供给端与消费端多方需求，安吉通过多维度整合"一中心、多平台、两系统、N 应用"，打造安吉白茶全产业链大数据中心（见图

3-2），由点到面建设安吉白茶数字化绿色服务体系，明确了"数字资源汇集整合、交易平台、溯源体系、投入品管理、数字茶园"等5类一级核心任务。首先，打通自然资源和规划局、气象局、应急管理局、大数据局等涉农数据端口的多部门数据，推进精细化生产与降本增量，通过大数据分析进一步优化加工工艺，提升成茶品质。其次，建立安吉白茶原产地全程追溯机制，健全白茶生产、监管、追溯、交易全过程监督体系，应用区块链等技术深度融合"浙农码"，贯通15个镇街187个村社，实现安吉白茶数字化应用全域覆盖、层层联动、协同推进。最后，在全面掌握全县安吉白茶生产、加工、流通各环节数据的基础上，通过数字化营销模式与质量追溯机制，加强安吉白茶区域品牌培育和保护，提升安吉白茶品牌溢价空间。通过全产业链数字化转型升级，2021年安吉白茶清明前均价1200元/斤，整体平均775元/斤，较上年上涨10%；产量2008吨，较上年提升2.9%；产值超31亿元，较上年提升12.4%；品牌价值45.17亿元，较上年提升8.5%；带动全县农户人均增收8100元。

图 3-2　安吉白茶全产业链大数据中心

### 3. 治理层: 大力推动安吉"两山银行"平台协同治理

安吉借鉴银行"零存整取"的理念,率先打造"两山银行",以生态资源确权登记为基础,探索政府引导、企业和社会各界参与、市场化运营的协同治理模式。首先,依托生态资源数字平台,梳理生态资源利用的业务流程,一体化、实时共享各类资源、资产、项目信息数据,对生态资源实行精确分析、变动管理、高效整合。其次,以数据流重塑资源采集、招商推介、项目审批、生态产品交易、金融交互、生态反哺等六大业务流程,围绕区块圈选、业态规划、方案编制等内容开展项目个性化策划,以数据充分使用实现项目归整成项,将碎片化的生态资源收储整合形成优质高效的资源资产包。最后,构建具备直观展示资源、统计分析项目价值、地域分析决策项目可行性、平台化招商运营等功能的生态资源数字化运营平台。一方面,"两山银行"推进生态资源供给方与需求方、资源方与投资方高效协同,促进生态资源资产化;另一方面,对生态资源采用灵活多样的收储方式与利益分配模式,提升政府治理效能、市场化运作水平与生态资产转化效益。

### (四)数字经济推动生态产品价值实现的启示

数字经济推动生态产品价值实现,是兼顾生态资源保护、转化、共享的高质量发展模式,也是践行"绿水青山就是金山银山"理念的关键路径,更是高质量建设共同富裕示范区的重要抓手。为进一步推动生态产品价值实现,充分发挥数字化技术手段作用,实现从技术理性向制度理性的跨越,数字经济提供了以下三点启示。

第一,健全生态资源产权体系,优化生态资源市场配置。首先,创新权能,深入推行生态资源所有权、使用权、经营权分置运行机制,依据各地资源禀赋的实际，探索搭建多层次要素产权交易平台，推动生态产品在更大范围、更宽领域实现跨区域、跨层级交易。其次，明晰产权，在土地、房屋、林木等不动产统一登记的基础上，进一步拓展生态资源统一确权登记的种类和范围，以 GEP 核算结果为生态产品经营开发提供基础支撑，将生态资源资产确权登记与"两山银行"打通，探索多种权能流通和交易方式，形成循环更新的"自然—经济—社会"多源异构大数据分析体系，进一步完善自然资源资产产权制度，加快自然资源确权登记信息数据库建设。最后，坚持有为政府和有效市场相结合，完善生态资源市场机制，在保障生态效益和依法依规前提下，积极引入各类专业化主体提升生态资源的造血能力和运营效率，鼓励国有资本参与投资生态产品交易平台建设，促进自然资源产权的多层次市场化交易，逐步建设统一的交易平台。

第二，加强数字区域公用品牌建设，促进生态产业价值链升级。首先，打造区域公用品牌，深入落实品牌强农战略，通过全产业链大数据应用，引导农业企业以品牌嫁接、资本运作、产业延伸等形式联合重组，推进农产品品牌与标准化生产培育紧密结合。其次，促进品牌营销与推广，充分利用互联网、融媒体等现代信息技术工具，推动数字区域公用品牌塑造和营销推广，进一步提升品牌溢价空间与影响力。最后，加强品牌培育与保护，运用大数据、云计算、区块链等数字化技术重塑生态资源，催生以数据要素为基础的生态经济新业态，加快培育生态产品市场经营开发主体，推广"浙农码"安吉白茶全产业链模式。

第三，推动生态资源协同治理，催生乡村发展内生动力。一方面，推动信息流、关系流与服务流的数字化建设，探索县乡政府、社会投资方、产业运营商项目合作开发机制，调整生态资源所有者、使用者与经营者利益分配和风险分担机制，通过引入人造资本和人力资本与生态产品相融合，实现供需信息高度对称，协同实现消费者福利改善和生态产品保值增值。加快制度和规则重塑，以乡村版未来社区建设为切入口，形成"公司＋村＋农场"的企业集体村民利益共享机制，实现"发展成果由人民共享"，推动生态资源协同治理。另一方面，引入市场化机制、配套相应金融政策，解决农民数字设备投入与使用过程中的资金问题，打造乡村数字课堂，针对性开展数字技术应用帮扶，通过"干中学"提升整体数字能力，缩小数字鸿沟，释放数字红利，催生乡村发展内生动力，促进共同富裕。

## 三、上虞电机产业大脑应用，赋能产业高质量发展

制造业是浙江的立省之本、强省之基，为推进数字经济系统建设、提高发展质量、夯实共同富裕的物质基础，浙江通过"产业大脑＋未来工厂"的模式创新，依托数字赋能提升各行业各领域资源的价值和利用效率，推动更多有条件的制造企业和产业集群数字化、网络化、智能化升级。

2021 年以来，上虞区深入贯彻中央、省委关于数字经济和数字化改革精神要求，尤其是时任省委书记袁家军 2021 年 3 月 24 日在考察杭州市萧山区和绍兴市一批企业时勉励企业抢抓数字化改革和"新基建"行动机遇，积极探索、大胆创新，全力攻坚关键核心技术，推动创新链产业链融合发展，努力在数字经济综合应用上取得更多创新成果[1]。在省经信厅的支持和指导下，围绕数字化改革和高质量发展目标，以产业生态重构、要素资源

---

[1] 袁家军在杭州市萧山区和绍兴市调研时强调 以数字化改革引领现代化先行 乘势而上推动"十四五"开好局起好步.浙江日报，2021-03-25（1）.

重组、治理方式创新为重点，上虞区率先建设运营电机产业大脑，为全省产业大脑标准化、规范化建设提供了实践素材和参考范例。

## （一）需求分析

### 1. 构建电机产业新生态的需要

从电机产业生态圈看，产业链上下游涉及企业多、领域覆盖广，总产业规模大，存在跨区域、跨行业、跨企业协同难，资源配置效率低、中小企业融资成本高等问题。近年来，以卧龙电驱为代表的上虞龙头电机企业率先投身产业升级转型工作，积极打造数字化和智能化工厂，取得了积极成效。但大量的中小微企业存在"不敢用、不会用、用不起"等现象，导致电机产业整体数字化程度低，上下游企业数据打通难，产业链协同度低，亟须一个优势平台赋能电机产业链企业，助力电机产业转型升级。

### 2. 提升产业核心竞争力的需要

浙江作为电机产业大省，截至 2022 年，全省共有电机生产企业 1200 余家。但总体来看，由于电机行业采取典型的离散型制造模式，电机产量虽大但智能制造水平低，数字化能力欠缺。这些因素导致我国电机行业企业的盈利能力普遍不强、产业控制力与产品定价权欠缺、行业竞争力仍然较弱。为使电机行业向更高层次发展，需要电机大省浙江扛起"重要窗口"的使命担当，率先通过数字化改革促进产业链、供应链、价值链、创新链的升级与重构，努力实现我国电机产业新发展，不断提升在全球电机产业中的话语权。

### 3. 满足政府治理精细化的需要

随着政府对经济运行、产业发展精准治理需求的日益增长，以及促进产业端数据汇集工作的不断推进，产业数据、企业数据和政府数据采集范围不断扩大，需要一个全新的信息交互系统，便于政府更精准高效地把握产业链发展脉搏、优化产业链政策导向、提升产业链治理效能。电机产业大脑能够为政府提供电机产业的全产业数据，为政府研判电机产业宏观形势、制订产业规划、拟制和实施政策提供强大的数据支撑和决策支撑，有效提升政府数字治理能力和水平。

## （二）建设思路及路径

### 1. 整体架构

基于政务"一朵云"和"1+N"工业互联网平台，重点构建"1+1+2+X"体系架构，即打造一个电机及驱动系统数智化产业中台、一个电机产业大脑，"政府侧"和"企业侧"建设未来工厂、供应链采购协同、供应链金融等创新场景，汇聚融通产业链、供应链、资金链、创新链等资源要素数据，实现电机全价值链的资源优化与社会化协同（见图3-3）。

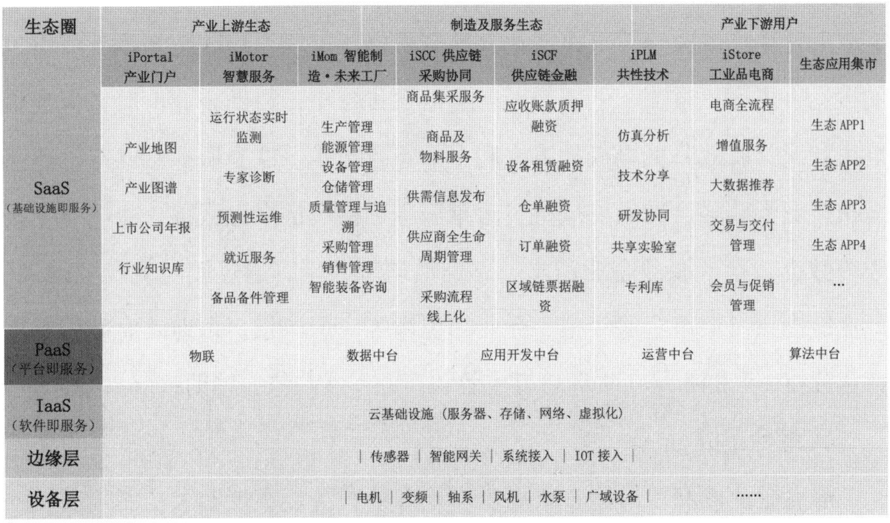

图3-3 电机产业大脑整体架构

**2. 任务拆解**

以电机产业大脑为一级任务，确定政府侧"政府管理、公共服务"2个二级任务和企业侧"产业生态、新智造应用、共性技术"3个二级任务，并进一步分别拆解出"产业链图谱、运行分析"等19项政府侧三级任务和"电机全生命周期服务平台、未来工厂"等11项企业侧三级任务，再逐项细化至"运行状态实时监控、供需匹配"等34项四级任务。

**3. 业务协同**

通过场景开发，推动研发、供应链、生产制造、产品销售网络、后市场服务、供应链金融服务"六大协同"，实现产品设计、采购、生产、销售、服务等全过程高效协同的组织形态，打造产业链高质量核心竞争力，促进产业上下游企业提质增效、降本减碳。如供应链协同整合分散的大宗原材料采购需求进行集采议价，实现从寻源、招投标、竞价到物流配送、质量反馈、对账、付款的全流程数字化协同，降低供应链成本。

**4. 数据共享**

一是生产端共享。电机产业大脑与机器相关联，物联感知设备将电机的振动、温度、电流、电压等运行数据回传分析，帮助企业即时掌握电机健康状况，有效降低电机故障率和企业运营成本。二是服务端共享。通过电机产业大脑融合融通供应链、运维服务、供应链金融服务、协同研发服务等数据，精准服务企业需求。三是治理端共享。通过政府侧产业地图、产业链图谱、上市企业年报、行业知识库等应用场景，帮助政府部门掌握产业分布、产能布局、集群培育成效和产业发展趋势，辅助政府决策管理。

**5. 综合集成**

融合企业侧和政府侧，贯通生产端和消费端，实现四大功能集成。一是打造产业生态。搭建电机全生命周期管理、供应链金融、供应链协同等6个应用场景，提升产业链运行整体效率。如电机全生命周期管理应用，通过实时采集电机运行参数并基于大数据分析和模型算法得出健康指数，实现电机运行状态在线监测、智能诊断。二是打造新智造应用。搭建未来工厂互联应用平台，面向电机产业链中小微生产制造企业，提供包括研发协同等多场景智能化解决方案，实现与工厂的生产协同和供应链协同。三是集成行业共性技术。构建行业知识库、技术与服务协同和工业APP等4个应用场景，如行业知识库，涵盖行业标准、专利、论文三大板块，帮助电机及其上下游企业了解未来技术、产品走势。四是集成政府公共服务。构建产业链图谱、产业地图、行业知识库等场景应用，为政府治理和精准服务提供助力，推动共性资源"统建共用"。如产业链图谱通过精准把握产业链的断链风险实现快速有效预警。

## （三）应用成效

### 1. 有效激发智造活力

率先尝试"产业大脑＋未来工厂"融合应用模式。聚焦中小电机企业数字化提升需求，依托链主企业提供开放性公共技术、科技服务、管理理念等，低成本、高效率复制打造一批未来工厂，迅速提升电机产业整体智能制造水平。聚焦全产业链协同联动，打通产业链上下游实现跨工厂生产协同和供应链协同，推动电机产业质量变革、效率变革、动力变革。截至2022年5月，已成功贯通省级未来工厂1家、智能产线31条、智能工位269个、智能产线设备442台，在线运行340台。据统计，已接入大脑的未来工厂生产效率可提高50%，生产运营成本降低25%，产品不良率下降

22个百分点，设备故障率降低7%，能源综合利用率提升12%。

### 2.产业链条全面贯通

供应链金融应用通过打造应付票据融资类金融产品，实现金融授信向中小微企业"精准滴灌"，有效降低中小微企业融资成本，截至2022年5月，已成功为226家中小企业提供10.85亿元授信额度，解决融资5.42亿元，对金融机构助力实体经济健康发展具有借鉴意义；供应链协同应用基于产业知识沉淀和平台智能算法，采取"撮合＋自营"的业务模式，通过整合分散的大宗原材料采购需求进行集采议价，缓解电机全产业链原材料采购成本高、价格波动大等问题，为168家中小电机制造企业提供供应链协同采购服务，完成交易2110万元，帮助企业节省采购成本106万元。

## （四）改革突破

电机产业大脑作为"产业大脑＋未来工厂"融合的样板，在2021年10月29日的全省数字化改革推进会上被当作典型应用。省领导对电机产业大脑的建设工作予以充分的肯定，评价电机产业大脑把数字经济系统"产业大脑＋未来工厂"的概念变成了现实，对全省产业数字化具有引领和示范作用。

### 1.创新运营模式

按照"政府主导、企业主体、价值导向、社会共建"的原则，由上虞区政府作为建设试点承接主体，充分发挥链主企业卧龙电机对电机行业的引领作用，引入国资和产业生态企业参与，共同出资1.5亿元，成立了第三方建设运营公司。立足全省、面向全国、辐射全球建设电机行业产业大脑，充分体现集中力量办大事的制度优势和民营企业创新创业的市场活力。

## 2. 重塑系统生态

电机产业大脑集资源集聚、数据畅通、服务提供等功能于一体，为产业和企业搭建云上赋能平台形成多主体共同参与的链上数字化生态。通过集聚资金、人才、技术、原料、政策、市场等资源要素信息，形成综合性、全链条的系统网络，有效提高资源配置效率。通过贯通生产端与消费端的数据，推动产业链上下游信息协同，使行业运行、企业经营、产品供销等全过程透明化呈现。通过公共服务场景创新破解原材料采购成本高、中小企业贷款难、设备维护成本高等长期困扰电机行业发展的堵点痛点难点问题。

## 3. 变革监管机制

电机产业大脑融合企业侧和政府侧两端数据，关联分析产业信息和公共信息，清晰呈现产业链图谱、产业地图、上市公司年报、行业知识库等行业信息数据，全面、准确、动态地展示电机产业经济的直观布局，打造服务于电机产业与区域经济发展的"经济沙盘"和"产业空间智能平台"，为政府提供产业链分析数据，帮助政府部门提高实时洞察、风险预判、智能决策、政策制定等工作的科学性，真正构建"用数据说话、用数据决策、用数据管理"的经济和产业政策贯通机制，为政府电机产业治理提供数据驱动的完整闭环支撑。

# 四、淳安传统产业转型升级，缩小城乡收入差距

山区县低收入群体的就业和收入问题，一直以来都是困扰浙江高质量

发展的"失衡之痛"，也是加快山区 26 县发展的痛点难点。浙江针对城乡差距、地区差距、收入差距导致的贫富不均、社会分化等问题，通过数字赋能提升资源配置科学性、公平性、前瞻性、主动性，助力山区 26 县实现跨越式高质量发展、取得标志性成果[①]，在现代化先行和共同富裕示范区建设全局上发力。

以数字变革引领构建新发展格局，以绿色发展理念推动县域高质量发展，利用数字经济最大限度激发蕴藏在绿水青山间的潜能，是有效促进"绿水青山"向"金山银山"转化取得实质性突破，推动山区县跨越式、高质量发展的必然选择[②]。县域作为共同富裕主战场，借势数字经济实现自身跨越式发展成为新趋势，发展数字经济推动县域传统产业数字化转型是促进县域经济高质量发展的重要突破口[③]。

淳安是浙江省山区 26 县之一，是浙江高质量发展建设共同富裕示范区首批试点县，为贯彻省委、省政府提出的"不断拓展山区群众增收空间，走出高质量发展共同富裕新路子"要求，淳安立足自身"来料加工"产业基础，开发"伊加工"特色应用场景，通过山海协作帮助基层群众实现家门口就业增收，探索出了一条"先富帮后富、区域共同富"的有效路径，2021年带动从业人员 31500 人，包括低收入农户 1527 人，年发放加工费 1.85亿元。

---

① 袁家军.聚焦特色 一县一策 超常规推动山区26县高质量发展共同富裕.浙江日报，2021-07-20（1）.
② 查玮，胡胜蓉.山区"浙"样发展数字经济——以浙江山区26县为例.信息化建设，2021（9）：58-61.
③ 王晓涛.聚焦山区县域数字经济 助推共同富裕发展.中国经济导报，2021-10-12（5）.

## （一）数字经济赋能山区县共同富裕的背景

数字经济作为经济高质量发展新阶段的必然选择，在绿色生产、绿色消费、绿色政务等领域均表现出强大推动力，其本身"去中心化、去区域化"的特性，能较好解决山区县交通及信息相对闭塞等现实问题，助力山区县实现共同富裕。县域是乡村振兴主战场和传统产业集群转型主阵地，只有以数字化为关键引擎，呈现要素升级、模式创新、治理优化等县域数字生态发展趋势，使市场在资源配置中起决定性作用，更好发挥政府作用，市场和政府"两只手"协同配合，才能形成具有一定规模的数字产业生态系统[1]。此外，省域同城化所需的硬软件建设不断深化，为山区县数字经济、美丽经济等新经济培育发展提供了新可能[2]。

"来料加工"产业是以淳安县为代表的广大山区县的基本民生产业，承接市场或企业提供的原材料、零部件和加工订单，组织加工人员进行装配生产，具有创业门槛低、就业形式灵活、加工技能简单等特点，成为淳安城乡留守妇女等低收入困难群体增收的重要产业，是促进农村留守群体和低收入农户实现增收、推进共同富裕的有效载体，也是淳安特别生态功能区建设不可或缺的重要产业（见图3-4）。

---

① 贾晖.数字经济激活县域经济发展新动能.学习时报，2022-02-18（3）.
② 秦诗立.山区县跨越式高质量发展的时代内涵与任务迭代.浙江经济，2021（8）：16-17.

图 3-4　淳安县留守妇女及低收入群体的"来料加工"作业

　　随着淳安"来料加工"产业由政府主导型转变为市场主导型，其仍面临品牌影响力不足、产业分工协作不足、信息化程度不足、管理水平不足等痛点，以及老百姓创业就业难、经纪人接单发单难、货源企业找加工点难等现实瓶颈。为此，杭州市妇联和淳安县上下联动，围绕"来料加工"产业"服务、管理、信息、效益"四个维度开发"伊加工"数字应用场景，架起政府、市场、加工点、百姓之间的数字化高速路，形成开放式的"来料加工"服务闭环①，实现了与共同富裕时代主题和群众呼声的同频共振。

---

① 数字化改革让来料加工产业实现"脱胎换骨"　淳安"伊加工"特色应用场景上线.杭州日报，2025-07-20（5）.

## （二）以数字经济推动山区县共同富裕的淳安实践

淳安坚持问题、需求、价值、政治、发展五大导向，通过数字化改革突破信息不对称、配置不科学、管理不高效等发展藩篱，根据山区县劳动力储备及分布特点，打造"伊加工"平台，大力发展"来料加工"产业，切实提升城乡百姓获得感、满意度，已成为当地解决就业、促进增收的有效载体，成为偏远山区群众通过自身劳动提高获得感和幸福感的重要路径。

### 1. 多平台赋能产业生态系统，促进规模联动

"伊加工"平台围绕"来料加工共富"一件事，从百姓增收需求、经纪人接单需求、解决产业痛点需求出发，构建涵盖政府端、市场端、群众端的基础设施、数据资源、应用支撑、业务应用、标准规范、政策制度、组织保障、网络安全等要素的体系架构。梳理招工广场、在线商城、加工资源、消息中心、浙农共富、个人中心等6项一级任务，拆解二级任务181项，构建"五平台一体"的产业生态系统。同时，打通支付宝、浙里办、浙政钉等数字门户，实现横向、纵向、外向"三向"赋权：横向跨部门，建立妇联牵头，商务、人力社保、民政、财政、农业农村、市场监管等部门协同推进的业务体系；纵向跨乡镇村，打通企业资信审核、专项奖补、低收入农户认定等6项业务数据接入，优化加工点注册、创业低息融资、补助申领等5项业务流程，串联全县1200余个乡（镇）、村（社）加工点分布、场地条件、劳动力资源等信息链条，构建起全方位的数据协同体系；外向跨县域，联通浙里办、城市大脑、民生直达等数字平台，实现产业帮扶政策在线兑付。

### 2. 多端数据融合，引发生产关系变革

打造涵盖移动端用户库、加工者库、经纪人库、加工点库、资源企业库、营商资源库、新闻资讯库、评价信息库的数据资源体系，梳理招工广场、在线商城、加工资源、消息中心、浙农共富、个人中心等6项一级任务，拆解二级任务181条，构建"五平台一体"的产业生态系统。同时，实现数据门户与省农业农村厅驾驶舱"灵活就业"板块的数据对接，多跨协同集成市、县农业农村、人社、民政、商务、统战、妇联等部门资源，通过低成本的应用开发，让信息、服务、资源线上线下互享互通，让"难找到"变为"一找就到"。平台将人力资源、闲置场地、税务记账、贷款融资等配套资源全部纳入场景，有效破解信息不对称，实现多端数据交互匹配，构建新供需接洽模式。如，经纪人可以根据加工情况，随时发布招工信息。百姓则用一部手机就能接收到场景精准派送的招工信息。通过打通"政府端、市场端、加工端、就业端"四端应用，促使各主体间接洽模式由传统的点对点之间传递转变为点对面之间传递，为产业均衡高质量发展提供数字支撑和精准服务。同时，打通与金华、杭嘉湖等地区产业聚集地的连接渠道，加强与县外货源市场的供需对接。

### 3. 多跨协同，提升服务与治理效能

平台构建多主体高度依赖共生的数字生态系统，构建共建共治共享的新型治理模式。在"伊加工"产业生态中，有专门提供加工服务以及用工岗位的产业经纪人，有希望通过产业实现创业就业的城乡百姓，有网红经济、电商经济、内外贸公司等群体构成的庞大货源企业群，还有各地妇联、农业农村、人社等政府部门，四类主体共同构成平台用户体系。自从2021年10月省数字政府跑道"揭榜挂帅"以来，截至2022年1月，已注册经纪人

（加工点负责人）1306人，提供各类服务72000余人次，意向加工人员2万余人，基于场景完成交易订单158笔，交易额约2400万元。在区域上，已实现淳安县域337个行政村、17个社区应用全覆盖；在使用上，约三成经纪人能熟练使用平台获取信息；在服务上，极大提高了工作效率，实现产业扶持政策申报到兑现时长由90天缩短至20天。平台促使传统"输血模式"转变为内生性增长的"造血模式"，政府、市场、群众等多方主体因地制宜探索共富路径，发挥"妇联"优势，妇联主任"认姐妹"，与产业带头人一起亲自学、亲自推、亲自带，建立推进共同富裕的信任机制。开通网上培训课堂、产业资讯、招工应聘、岗位推送等板块，畅通创业互联通道，培养"想赚钱就上平台"的意识，让平台真正成为一个"生钱"的应用。同时，建立镇乡一级的平台应用考核机制，打通平台推广应用的"最后一公里"。

## （三）数字经济缩小城乡收入差距，推动共同富裕的启示

淳安"伊加工"是国内首个"来料加工"助力共同富裕特色应用场景，发挥了淳安作为"全省建设共同富裕示范区缩小城乡差距领域首批试点县"的作用，是践行"不断拓展山区群众增收空间"思想的生动实践，是"先富带后富"的有益探索，也是"山海协作"的具体实践。2021和2022年，年均发放加工费约2亿元，带动3.15万人通过"来料加工"实现就业增收，获取加工费收入超2.3亿元，人均增收7300元。依托"伊加工"，淳安健全完善"来料加工"产业发展的服务支撑体系，对内实现淳安县域行政村应用全覆盖，对外加快跨地区、跨部门的衔接推广，特别是在杭州地区的先行先试，为全省共享打好理论、数据及制度基础，探索出了一条"先富帮后富、区域共同富"的有效路径，是共同富裕路上政府服务于最基层老百姓

的有效载体①，有助于进一步解放和发展乡村生产力，优化生产关系，发挥多方主体主观能动性，纳入更多市场主体参与山区县共同富裕建设，培育多主体共建共治共享的共生新格局，为各地区解决就业、保障民生、促进社会和谐提供参考借鉴。

淳安"伊加工"的实践表明，"来料加工"数字平台建设是赋能共富式收入增长、高质量发展建设共同富裕示范区的重要手段。为推进山区县低收入群体增收致富，打造共同富裕示范区，该改革标志性成果提供了以下启示。

第一，建立"来料加工"数字门户，梳理拆解加工点查询、获取市场订单、降低运营成本等具体需求，加工市场、找工作、增收地图等具体模块，以及改革接洽模式、信用评价模式、交易支付模式、管理帮扶模式、运行发展模式等重大改革任务，逐步向26个山区县推广实践。

第二，强化政府层面的数字化技术、数字化思维、数字化认知，加快整体性顶层制度设计，通过"揭榜挂帅""比学赶超"等路径形成制度性保障与激励，地方找准对接的组织机构，下放考核权，加快政策细化落地，破除阻碍高质量发展的制度性障碍。

第三，加大市场层面的宣传，盘活更多经纪人，纳入更多市场主体(商户)，构建全省一体化产业大市场、大网络、大平台，打造资源地图，实时发布行业资讯，促进多方信息对称，降低市场交易成本。

第四，提高就业端的数字素养，针对从业人员文化程度普遍偏低、年龄偏大等实际，不断优化场景功能，有消息就推、有成果就展、有技能就转，让老百姓一看就懂、一学就会，培育平台应用习惯。

---

① 余琼雅.市妇联、淳安县上线"伊加工"应用场景 开辟来料加工发展新路径.（2021-08-17）[2022-03-04]. https://baijiahao.baidu.com/s?id=1708323168289140995&wfr=spider&for=pc.

# 第四章

# 数字化改革推进共同富裕在政府治理领域的实践

## 一、数字政府：打造高效协同的治理格局

共同富裕，"共同"是关键，即"分好蛋糕"，处理好效率与公平的关系，提供平等的财富分享机会，实现全体人民的利益共享。政府提供扎实推动共同富裕的顶层设计与制度保障，要协同和统筹好政府功能和市场机制，发挥有为政府宏观调控作用，实现资源调配、政策配套、目标获取三者合一的"有为"，确保社会和谐稳定，提升和优化经济发展环境；促进市场公开公平公正，有效提高社会整体生产效率；推动城市建设和经济社会全面可持续发展。

共同富裕作为当前国家治理现代化的重要命题与优先发展目标，其实现是一个动态平衡的发展过程。政府治理是国家治理中最重要的一环，

**数智创富：数字化改革推进共同富裕**

政府治理现代化是整个国家治理现代化的关键环节和重要保障，本质上是在政府、市场与社会良性互动的基础上，实现社会公共利益最大化的过程，即走向"善治"。在推动共同富裕的过程中，政府治理发挥着关键性作用，稳步推动共同富裕，既是实现社会公共利益最大化的过程，又是检验政府治理现代化的重要标尺，通过更加兼顾公平、致力于以社会效益为导向来推动生产要素流动，高效联动市场、社会主体提高整体经济社会运行的普惠性。

2022 年 4 月 19 日，中央全面深化改革委员会第二十五次会议审议通过了《关于加强数字政府建设的指导意见》，全面吹响我国建设数字政府的号角。会上，习近平总书记指出："要以数字化改革助力政府职能转变，统筹推进各行业各领域政务应用系统集约建设、互联互通、协同联动，发挥数字化在政府履行经济调节、市场监管、社会管理、公共服务、生态环境保护等方面职能的重要支撑作用，构建协同高效的政府数字化履职能力体系。要强化系统观念，健全科学规范的数字政府建设制度体系，依法依规促进数据高效共享和有序开发利用，统筹推进技术融合、业务融合、数据融合，提升跨层级、跨地域、跨系统、跨部门、跨业务的协同管理和服务水平。"[1]

数字政府作为数字中国的重要组成部分，是实现政府治理体系和治理能力现代化的重要前提，是强化政府运行、决策、服务、监管能力的重要引擎，是数字中国、网络强国、智慧社会三大国家战略纵深推进的战略支撑，对引领高质量发展具有重要意义。"十三五"期间，数字政府建设成为推进国家治理体系和治理能力现代化的有效手段，通过"掌上办""指尖

---

[1] 加强数字政府建设 推进省以下财政体制改革. 人民日报，2022-04-20（1）.

办"等一系列政务改革,打造"一网通办""异地可办""跨省通办"等综合应用,显著提升企业和群众获得感、满意度。"十四五"时期是我国数字政府建设水平全面提升的关键阶段。在这一时期,各级政府将持续提高数字政府建设水平,将数字技术广泛应用于政府管理服务,推动政府治理流程再造和模式优化,不断提高决策科学性和服务效率。

数字政府也是浙江数字化改革的六大综合应用之一,依托一体化智能化公共数据平台,构建优质便捷的普惠服务体系、公平公正的执法监管体系、整体高效的运行管理体系、全域智慧的协同治理体系,形成新的行政管理形式和政府运行模式。数字政府坚持以人民为中心的发展思想,立足市场有效、政府有为、群众有感,统筹运用数字化技术、数字化思维、数字化认知,推进政府治理全方位、系统性、重塑性的变革,能够实现政策制定更民主更科学,公共服务更优质更高效,营商环境更公平更优良,市场主体更具活力,群众更有获得感、幸福感、安全感,依托数字赋能推进技术融合、业务融合、数据融合,实现跨层级、跨地域、跨系统、跨部门、跨业务的多跨协同管理和服务,推进政府决策科学化、社会治理精准化、公共服务高效化。

自 2003 年提出"数字浙江"以来,浙江高度重视数字化发展,将数字政府建设作为深化改革赋能数字经济发展,撬动数字社会走向智能化、精准化和创新政府治理理念、方式的关键举措。2021 年数字政府服务能力评估结果显示,我国数字政府建设已进入全面改革、深化提升阶段。浙江数字政府建设更是走在全国前列。《数字中国发展报告(2020 年)》显示,浙江处于信息化发展第一梯队,创新引领能力持续增强,信息服务应用普惠化、便利化程度位列各省(区、市)信息服务应用水平前 10 位,在教育、医疗、交通、社会保障、文化等领域不断加强优质信息服务资源供给，持续拓展网上办事服务广度和深度，群众满意度得到明显提升[①]。浙江将数字政府作为数字经济和数字社会的基础性工程，通过数字化来整合政府资源，遵循数字化、网络化、智能化路径形成系统化、多维度、齐头并进的多元共治模式，并在全国率先建成省级政务云服务体系和政务服务"一张网"，实施全国第一部公共数据和电子政务政府规章，在全国率先编制《数字政府建设总体方案》，运用新一代数字信息技术促进政府履职和政府运行实现即时感知、科学决策、主动服务、高效运行、智能监管，推进政府数字化转型。

当前，数字政府建设经过"互联网＋政务服务"、政府数字化转型发展，已进入政府职责边界、组织方式和治理工具系统性重构的全局数字化发展阶段，通过数字化改革的深入实践，进一步找准数字化系统综合集成、高效协同的方法与路径，从而发挥标准化、协同化、智能化的数字工具理性，最终有效衔接高质量发展建设共同富裕示范区的总体目标。数字技术除提高政务服务供给效率外，还成为推动政府组织形态变革的关键驱动力，实现了流程范式向数据范式的转变，以及非结构化决策、定制化沟通及智能化服务等方面的进步。数字技术不仅为政府探索政府治理提供了必要的工具，数字化推动的经济社会发展也进一步要求政府加快探索体制机制的变革路径，为数字化进程中的企业、社会和政府等多元主体的互动提供基础规则，保障经济社会的高效数字化转型。《"十四五"推进国家政务信息化规划》明确提出坚持"大平台、大数据、大系统"，综合运用新技术、新理念、新模式提升治理能

---

[①] 国家互联网信息办公室.《数字中国发展报告（2020年）》.（2021-07-03）[2022-02-22]. http://www.gov.cn/xinwen/2021-07/03/content_5622668.htm.

力、优化公共服务、推动高质量发展、满足人民期盼，推进数字政府建设，逐步形成平台化协同、在线化服务、数据化决策、智能化监管的新型数字政府治理模式，形成与数字经济发展相适应的数字治理能力，带动促进数字社会建设，有力支撑国家治理体系和治理能力现代化[①]。

数字政府包含开放数据与数据开放，建设数字政府的关键是应用，即通过融合大数据、人工智能、物联网等新技术，把"数字化"应用于政府治理与公共服务的业务场景中，创造新型的政府管理与服务模式，提升管理精细化、服务精准化和治理精致化水平。数字政府并不局限于ICT（信息和通信技术）在政务领域的应用，而是以需求为导向，强调通过数字化变革来推动政府理念革新、职能转变和体制机制重塑，探索政府机构改革和权责碎片化的系统整合、体制机制的系统优化、流程系统再造、政务服务全面数字化变革，是"治理理念创新＋数字技术创新＋政务流程创新＋体制机制创新"的全方位、全流程变革，是通过对政府数字化思维、数字化理念、数字化战略、数字化资源、数字化技术等相关因素进行最大化集成，从而助推国家治理体系和治理能力现代化。

数字政府遵循"以人民为中心"的高质量发展理念，以数据为载体，实现政府、市场、社会等主体的实时动态交互，以数据推进业务、驱动决策、贯彻执行，推动政务服务的流程再造、模式重构和政府制度重塑，进而通过多元主体的高效协同不断提升治理体系和治理能力现代化水平，高效、精准处理效率与公平的关系。数字政府建设不仅提升了政务服务的效能，更是利用数据分析推进了流程再造与制度重塑，在不同数字社会应用场景

---

[①] 国家发展改革委."十四五"推进国家政务信息化规划.（2021-12-24）[2022-02-22].https://www.ndrc.gov.cn/xxgk/zcfb/ghwb/202201/t20220106_1311499.html?code=&state=123.

中构建从需求识别到满意度评价的高效数字治理闭环，同步提高群众物质与精神层面的获得感、幸福感、安全感。数字化改革推动共同富裕在政府层面的作用机制如图4-1所示。

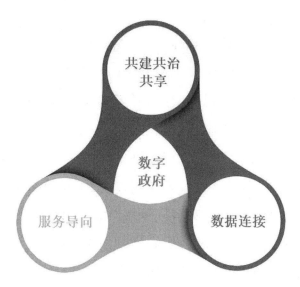

图4-1　数字政府：打造高效协同的治理格局

### 1. 数据连接：以一体化智能化公共数据平台为支撑，提升治理效能

"让百姓少跑腿、数据多跑路"，数据不仅是重要的生产要素，也是数字政府的关键治理资源，有助于保障和改善民生。数据整合与共享是数字政府建设的重要前提，数据要素价值释放将助力数字政府建设，推进"用数据说话、用数据决策、用数据管理、用数据创新"机制建设[1]，推动我国治理体系和治理能力现代化。大数据具有超规模、富媒体、低密度、流数据等属性特征，可以以较低成本、更高效率的方式获得海量的社会成员行

---

[1]　首届中国国际智能产业博览会在重庆开幕. 人民日报，2018-08-24（1）.

为和状态数据，减少统计误差，提高需求识别的精准度，对具有跨界关联特征的内外部数据融合决策起到重要支撑作用，从而为政府解决治理难题提供有效对策方案，优化政府决策流程，提升决策质量、公共服务水平、与企业及社会交互的水平。

一体化智能化公共数据平台是利用数据和信息进行智能分析、科学研判的智慧化中枢，以云计算、大数据、人工智能、互联网等技术为支撑，是省域治理全过程数据感知、数据共享、数据计算的基础平台，用于支撑各级党政机关整体智治、数字政府、数字经济、数字社会、数字文化、数字法治等六大重点领域的应用创新，是基于数据智能分析与研判评价推动科学决策和高效执行的重要依托，是各层级、各领域、各部门之间一体推进高效协同，打造整体智治现代政府的重要平台。

以数字技术创新驱动治理理念创新、模式创新、流程创新、制度创新，通过数据采集、共享、处理、反馈以及对数据的结构化改造和关联性挖掘，洞察经济社会发展需求，提高决策的前瞻性和预见性，把自上而下的需求调查、自下而上的需求表达与专业性的需求整合融汇在一起，推动政务服务从"由内而外"向"由外而内"转变，从而提升政府的整体运行效率及公共服务均等化、普惠化、便捷化水平。

2. 服务导向：以系统、科学、迭代的业务流程为手段，提升群众和企业获得感

数字政府建设坚持以服务对象为中心，围绕企业、群众的需要，全面推进政府运行方式、业务流程和服务模式数字化、智能化，可以推动政府组织形式再造，形成有层次、有关联、有实效的政务服务体系。平台是数字政府建设的重要基础，政务服务效能的整体提升有赖于各部门数字化水

平的普遍提升，以群众、企业需求为导向，不断推进"网上办""协同办"。数字政府以数据为导向，以服务对象为中心，以数据汇聚所建立的关联性提供更多的事实或隐藏价值，以数据的"流动"牵引分布在不同空间中的管理和服务主体基于统一平台为同一个事件而相互协作，以平台为基础，实现复用、共享和服务，政府通过建构规则、知识体系的再造，实现自我变革，推动部门核心业务的数字化转型。

数字政府要求政府组织形态从分立式结构向平台化结构转变，实现"政府即平台"模式，以平台化转型为建设核心，构建与数据整合共享相适应的组织结构，更好地服务于处在需求端的企业和民众，实现多中心治理，实现决策科学化、执行高效化和监督立体化。截至 2020 年末，由国办牵头建设的全国一体化政务服务平台就已实现 360 万项政务服务事项的标准化，全国省级行政许可事项网上受理和"最多跑一次"比例达到 82%，有力推动了"一网通办""跨省通办"[①]。"数字政府即平台"的整体化运行新模式，以数字政府为一个整体、开放的平台，以政府行政运作过程中的各类问题和需求为导向，按需实现信息的高效共享和跨部门的无缝协同，通过政府内部的纵向与横向协作、政府与企业及社会间的网络关系等机制实现地方性、国家性协同与整合，将在不同层面为共同面临的挑战寻求整体性解决方案[②]。

### 3. 共建共治共享：以协同再造为动力，保障经济社会高质量发展和平稳有序运行

数字政府推进不是自上而下的过程，还需构建民众和企业主动、清晰

---

[①] 张汉青.全面推进数字政府建设正当其时.经济参考报，2020-10-15（6）.

[②] 胡重明."政府即平台"是可能的吗？——一个协同治理数字化实践的案例研究.治理研究，2020（3）：16-25.

和富有成效的需求表达机制，形成政府、企业和社会三方主体之间的良性互动。数字技术的运用使得更多的决策要素被纳入决策方案的制订过程，智能化、科学化决策成为可能，决策过程效率提高并产生更高的一致性与透明度，通过构建特定的行为、状态的因果"链条"，"描述"和"监测"社会状态，以及基于数据的主动"预测"和"预判"，避免了决策者个人的主观理解和解释偏差。数字政府还需撬动、带动数字经济与数字社会建设，持续推动政务数据、公共数据、企业数据、个人数据等全社会各类数据良性互动、融合应用，打破数据孤岛，释放数据红利，支撑国家治理体系和治理能力现代化进程。

数字化平台使得政府由决策主体转变为平台协同的"规划者"和"参与者"，在纳入更多主体的同时减少协同过程中的冲突矛盾，系统性提高数字政府建设的效率。数字政府旨在运用数字技术，以多元主体的平等互信为基础构建合作伙伴关系，以公共价值为价值追求形成权力共享、风险共担的关系，打破政府与企业、社会间纵向及横向的信息壁垒以获取、共享和分析数据，重塑治理结构、优化政府职能、革新治理理念，推进治理结构再造、业务流程重塑和服务方式变革，提升治理能力和社会协同能力。

数字技术改变了事物之间的互动关系和事物的存在方式，赋予人类社会同步并联、整体性协同处理经济社会事务的能力，赋予民众、社会组织和企业等市场主体和社会主体活力，既能为国家与政府治理"全方位技术赋能"，从技术上改进治理方式、治理手段和治理机制，提升政府的信息汲取、数据治理、数字规制、回应服务和孵化能力，又有助于构建政府、市场和社会多主体协同的治理结构，从而充分激发不同主体所占有的重要治理资源——数据、算法、算力等的潜能，构建共建共治共享格局，打造扎实推动共同富裕的最有力保障。

## 二、德清空间治理数字化，推进共建共治共享

构建"山水林田湖草海"数字化空间是推动经济社会全领域全方位智能化治理的重要基础，推动国土（自然资源）空间基础信息、省域空间治理数字化等两大平台协同迭代，加强数据归集、整合、共享、分析、应用[①]，有助于全面提高治理科学化、精准化、协同化水平，构建适应高质量发展和高品质生活的体制机制。也就是说，提高空间数字治理水平，能更加有效地实现全社会的综合性协同治理，从而不断满足群众需求、提高群众满意度，推动共同富裕进程。

空间治理数字化是德清县域数字化发展的特色。近年来，德清围绕"运用数字虚拟空间更好地管理自然空间、人造空间、未来空间"，立足地理信息产业发展优势，积极推进以省域空间治理数字化平台总体架构为支撑的应用场景建设，支撑经济、社会、生态等治理领域的 20 个多业务协同场景[②]。德清空间治理数字化平台建设有以下四个特点：第一，全面性。空间治理是县域治理的基础，涉及城市和农村生产、生活的方方面面。第二，系统性。空间治理数字化平台是一个完整的数字化系统，它以省市县三级地理信息数据共享平台为驱动，应用涉及经济发展和社会治理，面向政府跨部门协同和面向用户服务场景并重。第三，迭代性。德清空间治理数字

① 黄志平.提升空间数字化治理能力.浙江日报，2021-03-29（7）.
② 半月谈网.浙江德清县：以数字化改革推动县域空间治理现代化.(2021-07-23)[2023-12-28].
http://www.banyuetan.org/dfgc/detail/20210723/10002000331361516270221359477729222_1.html.

化经历多次 V 形迭代，能在一定程度上反映数字化发展中技术系统架构与多主体关系的交互影响，以及制度重塑的重要性。第四，内驱性。德清空间治理数字化具有典型的数字化阶段性发展特征，是以空间治理需求驱动为主、数字化技术发展和支撑为辅，能够看到较多的数字化"微应用"和制度"微创新"的例子。

## （一）空间治理数字化平台建设三阶段

数字平台是推进空间治理数字化的载体。自 2009 年起，德清逐步形成了"数据 + 工具 + 业务协同"的数字治理模型，推进地理信息资源的开发利用与共建共享，打造空间治理数字化平台，纵向上实现省市县三级数据共享和互联互通，横向上为政府各部门、企事业单位和社会公众提供基于地理信息的大数据保障服务，打造"3+X"（"一库一图一箱"，X 个应用场景）总体架构。德清的空间治理数字化平台建设有以下三阶段特征。

### 1. 第一阶段：数据连接，实现多方数据交互贯通

2009年，德清成为当时全国唯一开展国家级数字城市地理空间框架建设推广的县级行政区域，其主要工作就是打造城市数字空间底图。2011 年，德清地理信息公共平台正式投入试运行，其本质并不是严格意义上的空间治理平台，而仅是一个数据共享平台。但是恰恰由于空间数据的特殊性（即空间数据连接是否有效的判断标准非常简单明确），德清在建设中充分考虑数据的连接性，即纵向上必须与国家"天地图"网、省交换平台互联互通（在线调用省地理空间数据交换和共享平台的 31 个大类、89 个中类的政务专题数据），横向上整合建设、规划、公安、国土、交通、水利等 25 个部门政务专题数据。其背后的纵向、横向一体的数据共建共享、业务协同、

多级联动机制已经成型。

根据联合国电子政务调查报告，连接性治理的特征包括五个方面，即跨机构边界的政府内横向连接、中央与地方政府机构间的纵向连接、有关互操作性议题上的基础设施连接、政府与公民间的连接和利益相关方之间的连接。数字化改革最初只体现在政府信息化建设上，但在数字政府建设的开始阶段，全新的数据连接手段激发了政府的在线监测和决策需求。"数据"并不是外在资源，而是治理行动和能力的内在基本要素。只有建立起以数据为纽带的"连接"，促进数据要素的流动组合与业务流程再造，才能从"用数字治理"逐步向"对数字治理"迭代。简言之，第一阶段的关键，是建立不同主体之间的"关系"连接（甚至触发正式结构的再造），而不仅仅是"技术"或"数据"的连接。

### 2. 第二阶段：流程协同，推进"多规合一"应用升级

2014年，德清成为国家四部委确定的28个"多规合一"试点市县之一，到2016年，德清以"边建设边应用"为原则，打造和支撑了包括智慧地理信息小镇、智慧交通、智慧城管、智慧规划等在内的23个信息化应用，形成了以基础地理信息数据、专题公共服务数据、智能感知实时数据和空间规划数据为核心的、较为完备的时空大数据框架体系，超越原先设定的地理信息基本要求。例如，从地上到地下、平面到立体、室内到室外、二维到四维、静态到动态的数据服务能力，是基于自然资源、交通、发展规划等现实要求建立的，已经能够为城市科学布局生产空间、生活空间、生态空间提供安全、可靠、有效的信息工具，形成基于统一时空基础下的感知、规划、布局、分析和决策的数字化治理雏形。

流程协同的治理不同于在传统分散化治理模式下借助互联网直接升级

的一站式服务模式，而是强调移动治理和治理网络的理念，即"无处不在"的管理和服务。它依靠信息技术而非人力自动处理信息，是一种信息空间的互动式数据流治理，推进数据流与业务流同步，从而实现协同治理，而不是复刻业务流。精密智控的实例是流程协同治理的最佳体现，也是数字化从第一阶段进入第二阶段的评判标准。流程协同的治理意味着高效优质的服务与管理必须建立在政府将社会需求置于优先地位的基础上，前期常以特定的问题和事项为中心，政府通过数字化平台发挥相关资源分配和行动主体组织方面的中枢性功能；后期应形成一种常态化的正式制度，对体制机制作系统性变革，实现相应的监督、考评与问责等管理制度革新。

### 3. 第三阶段：结构再造，强化变革组织制度保障

2020 年 4 月，袁书记在省政府第十次专题学习会上进一步强调："加快建设省域国土空间治理数字化平台，建好'一库一图一箱'，运用数字虚拟空间更好地管理自然空间、人造空间、未来空间。"①在前两个阶段不断丰富"一库一图"基础上，德清面临着如何进一步聚焦平台应用推动生产方式、生活方式、治理方式根本性改变的挑战。除了进一步打通部门壁垒，加速数据闭环管理以提高平台应用效率，还需要从根本上增强平台创新的生命力，形成更多的综合集成场景以解决经济社会发展问题。德清聚焦自下而上一体化的公共组件集成创新，将应用中高频使用的合规审查、视频服务等功能模块进行封装，形成本地特色应用组件；遵循"一地创新，全省受益"原则，构建基础空间、政务空间、公众空间等组件，积极推动省、市、县三级联动的一体化空间中心建设。同时，依托"浙里办""浙政钉"，关停 20 个自建 APP，上线 13 个实用、好用的应用服务，强化数字化应用入

① 深化"多规合一"改革 推进省域国土空间治理现代化.浙江日报，2020-04-29（1）.

口管理，以平台使用效率的提升激发平台迭代升级的内生动力。

以数字化改革推进共同富裕，其困难很可能发生在技术规则与组织既定治理规则之间的融合过程，且往往以不同主体之间的权力、责任等关系的矛盾形式展现出来，反映出推动共同富裕进程中的政府与社会、政府与群众之间的矛盾。所以，更深层次的数字赋能共同富裕，不仅只是技术投入与应用，更强调一种再造组织和制度结构的创新。这既包括政府内部的再造，即由业务流程再造所驱动的组织和制度的结构性调整；也包括政府部门间、政府与企业间、政府与社会间正式关系的再造，即政府体制和整体治理体制的变革；还包括打破过去数字化建设中已经形成的利益群体分割格局。数字化改革通过技术、数据、组织、制度等多维度、全方位的变革，形成扎实推动共同富裕的有力保障。

### （二）空间治理数字化平台持续迭代发展、推动共同富裕的经验

长期以来，行政资源配置不充分、能力不足是困扰县域治理的重要问题，也是造成共同富裕进程慢的制度障碍。数字化改革在县域的进一步落地，需要进一步形成持续迭代闭环，从而实现由量变到质变的升华。基于空间治理数字化平台，聚焦共同富裕强调的精神文明建设与高效政务服务，德清打造"生活垃圾智能监管平台"和"项目预评价业务系统"两个场景应用，得到各方主体的高度评价，其背后隐藏着的容易被忽视的两大动因，恰恰成为德清持续推动共同富裕的保障。

#### 1. 重视数字化与生活习俗的融合，充分体现数字化对社会主体的价值

共同富裕强调政府治理带给群众的主观感知，所以基层数字化应用，不在于技术先进性，而在于是否为人民群众所喜闻乐见。德清的农村生活

垃圾智能监管平台便是一个很好的例子。起初，与别的县市类似，德清对生活垃圾分类工作采取人力现场监管的方式，存在数据不全、环节复杂、监管滞后、效率低下等问题。德清基于数字空间治理平台打造生活垃圾智能监管平台，用了"三板斧"解决这一难题。第一步，通过布置物联感知设备实现垃圾分类的源头数据采集，让垃圾分类数字化进入村民家门口；第二步，平台上线农户垃圾分类模块、垃圾中转接驳站模块和末端处置点监管模块，实现了农村生活垃圾全过程管理，由被动的人工提取监管数据转为主动分析应用监管数据，实现从基于数据变化趋势分析结果到发现异常情况并作出处理的闭环；第三步，建立村自动信息公示大屏，结合积分奖励制度规范生活垃圾分类行为，通过村民间的"比学赶超"推进环境卫生村民自治。

数字化的迭代升级不仅提升了政府治理绩效，更是通过提高人口素质、改变风俗习惯提升了农村环境面貌，引发乡村生活方式变革。数字化改革推进共同富裕，需要鼓励更多民众和基层管理者表达需求、主动参与治理，使得各类社会主体能够充分感受到数字化所带来的切实价值，进而充分发挥好数字赋能作用，构建一种基于村规民约的共同治理模式，百姓自愿、高度参与乡村建设与治理，进而加强乡村精神文明建设，实现人与社会的同步发展。

### 2. 重视数字化与业务发展的融合，充分体现数字化对业务客体的价值

政务服务效能的提升也是共同富裕的一个重点。数字化在很多时候被理解为处理效率的提升。但是，效率绩效无法代替发展绩效。只有跳出业务孤岛，以发展的眼光来看待数字化应用，才能真正实现数字化改革的目标。德清的"项目预评价业务系统"做了很好的尝试。传统项目落地前，存

在报送材料复杂、审批部门多、审核周期长等问题，"多规合一"和"最多跑一次"改革以后，审批效率有了大幅度提升，但是各部门仍然难以就项目发展达成共识。德清基于空间治理数字化平台打造了规划协同子平台，借助矢量图与栅格材料，运用GIS（地理信息系统）技术，将蓝图从纸面落到地面，基于空间治理数字化平台统一空间坐标，汇集部门各类规划信息，一键生成项目预评价结果，并按招商引资、工业投标与政府投资项目三个方向建立了辅助决策模型，各部门可以充分参考辅助模型的预评价结果，协同判断项目的可持续发展潜力；每个项目的评估结果可跟踪、可比较。这种协同决策模式已经初具"大成集智"的特点，极大提高了基层决策者规划管理的科学性与前瞻性。

基于数字化平台与应用支撑组件的分析应用，为政府部门科学决策提供多样化、多侧面的认知参考，其背后的关键逻辑在于从过去的单一合规性审批转为以多规合一为基础的发展性评价，重视数字化与业务发展的融合，充分体现数字化对业务客体的价值。也就是说，数字化改革极大提升了"以人民为中心"的群众满意度，通过业务协同加速服务型政府建设，提高了群众对于政府治理理念、手段等的信任，进而通过提高获得感、幸福感和安全感推动共同富裕。

## （三）空间治理数字化赋能共同富裕的启示

德清以数字化改革推进共同富裕的实践并未停止。面对高质量发展建设共同富裕示范区这一重大使命，系统性的数字化迭代尤其需要时间和经验的沉淀。以德清为代表的空间治理数字化平台的落地实施，为通过多元主体共建共治共享、有效提升多主体参与感等路径推动共同富裕提供了以下经验启示。

第一，以服务需求为导向，深化制度建设。数字化的进一步迭代不可避免地需要以重新明确政府职权、职责及部门间界限为前提。在数字化应用上，基层治理从依赖现场信息采集、上报和事后决策处置向大数据集成、实时在线的分析研判与快速决策的机制转变。依托空间治理数字化平台，进一步推进基层治理各类 APP 集成整合，确保网格工作人员一机在手、业务通办。探索构建以数字化改革为支撑推动县域治理新型模式，形成以全面提升群众参与感为目标的"党政主导、公众参与、社会协同、上下联动"共同富裕基层治理新格局。

第二，以统筹权责和资源配给为路径，激发创新主体动能。推动社会的零散力量与资源整合，以标准化构件和开放性应用的形式固化为政府平台的力量与资源，转化"部门的干部"为"平台的干部"，促进部门人员在有效履行本职工作的同时，更积极担负综合性、专项性工作，形成分类考核、有机统一的奖惩激励机制，使得相关机制更加聚焦共同富裕的阶段性任务，加大县域治理数字化的实施力度。

第三，除打造协同治理的机制外，还应强化纵横一体化的目标。要坚持以空间治理数字化平台为核心，实现与省市的对接，并确保乡镇数字化体系的贯通，避免以多平台的分散化替代部门的分散化，确保业务逻辑的一体化，而不是数据的集中化。只有纵横一体化目标明确，才能做到心往一处想、智往一处谋、劲往一处使，充分发挥党政机关的整体凝聚力，激发政府、企业、社会等多方参与治理的积极性，最终通过多元主体价值共创扎实推动共同富裕。

# 三、"大下姜"乡村振兴联合体，助力山区县共同富裕

2021 年 6 月 11 日，中共中央、国务院公布了《关于支持浙江高质量发展建设共同富裕示范区的意见》。随后，浙江出台《支持山区 26 县跨越式高质量发展意见》，明确推动省内山区 26 县跨越式高质量发展，助力实现全省人民共同富裕的目标。习近平总书记在中央财经委员会第十次会议上指出："共同富裕是社会主义的本质要求，是中国式现代化的重要特征。"[①]结合浙江实际，时任省委书记袁家军进一步指出，共同富裕是普遍富裕基础上，以高质量发展为基石的共同富裕，是效率与公平、发展与共享的辩证统一，是"五位一体"的全面跃升，是共建共治共享的共同富裕[②]。

数字化改革背景下，共同富裕沿着"技术理性—制度理性—价值理性"的路径螺旋式迭代升级：首先，通过数字赋能发挥工具理性效率、速度、效益等优势，实现数据要素经济价值转化，逐步减少由于生产力水平、分配结构等造成的收入差距；其次，着力打破与数字化时代不相适应的生产方式、生活方式、治理方式，以数据贯通需求、任务与改革，以制度固化效益与公平，推进经济社会深层次系统性制度性重塑；最后，把握经济行为之人民主体性的本真目标，持续推动生产力的高度发展和经济社会的全面进步。实现"三大理性"的跨越，从整体智治的理念出发，结合地方实际，发挥邻近村庄资本、资源等互补性，弥补单一区域的短板，通过数字政府建设打造乡村共富联合体是一条可行之路。

淳安县以"大下姜"为切入点，创新建设"大下姜乡村振兴联合体"，逐

---

① 在高质量发展中促进共同富裕统筹做好重大金融风险防范化解工作.人民日报，2021-08-18（1）.
② 袁家军. 扎实推动高质量发展建设共同富裕示范区. 求是，2021（20）.

步走出一条以下姜村为龙头、区域联动共赢发展之路，形成从"一村富"走向"村村富"的发展格局，"先富帮后富、区域共同富"的"大下姜联合体模式"为山区县解决区域内发展不平衡问题、走向共同富裕提供了参考借鉴。

## （一）数字化改革背景下共同富裕的三方面特征

近年来，通过数字技术提供有效的信息和服务，通过更好的市场准入创造新的机会，以"抱团"形式为低收入群体赋能的理念已成为国际共识。数字技术打破了以往采用零碎的办法来处理多面性和复杂性的局面，消除了社会主体权责、资源、渠道等因素的限制，在加速经济社会发展的同时，也把孤立、特殊的农村、山区人口整合融入主流经济社会活动中。在数字化改革的大背景下，随着数字技术在经济社会发展过程中的不断渗透与扩散，生产要素逐渐从初级转向高级，生产关系、劳动分配、治理结构也逐渐从单一转向多元，推进政府整体治理和服务的现代化。具体而言，数字化改革推进共同富裕主要有以下三方面特征。

### 1. 以数字赋能消除收入增长之障碍

数字技术作为一种自上而下的提高效率和自动化的工具，能够对进一步解放和发展生产力起到关键作用。数据作为高级生产要素，通过缩小欠发达地区、信息弱势、收入低下等群体的信息贫困和数字鸿沟，助力解决资源分配不均衡、就业信息不对称、经济增长结构不合理等问题。实现共同富裕，最重要的是补齐欠发达地区短板，依靠新一代信息技术加速推进区域性的经济社会、人均收入、人口素质等领域的高质量发展。

数字化改革为全面推进共同富裕提供了新的发展模式。政府、技术提供方、社会组织机构等资源共同组合成一个生态系统，多方行动者协同努力，打造共同体，发挥各自核心优势，通过信息互通与数据共享，实现迭代升级和最大效能的发挥。数字生态系统实现设备、应用程序和数据互联的一体化，改变人们生成、处理和使用信息的方式，并融合可持续的包容、协作和创新理念，更有利于激发各主体的潜力来共同参与价值创造，为推进生活方式、生产方式、治理方式等方面的可扩展和可持续的系统性变革打好数据底座。

### 2. 以制度重塑兼顾经济社会运行效率与公平

共同富裕旨在缩小人群间、地区间和城乡间的差距，促使技术理性转向制度理性，进一步增强生活生产数据与政府组织、政府业务之间的穿透性，强化多跨协同、系统集成、整体智治，同步保障广大人民群众的物质和精神层面的需求满足。基于局部与整体的视角，处理好效率与公平在更长时间、更大空间、更宽领域、更高价值下的动态交互平衡。一方面，数字技术为经济社会发展打下物质基础，提升生产力水平和经济效率，为最终实现全体人民的共同富裕创造可能；另一方面，社会公平有利于减少社会主体之间的矛盾，形成和谐安定的社会环境，进而更为有效地调动各方面的生产积极性，极大地促进经济效率的提高。

随着数字技术规则与政府治理规则的不断融合，效率与公平之间的矛盾往往以不同主体之间的权力、责任、利益等关系的形式呈现出来。数字化改革聚焦普惠性、基础性、兜底性公共服务的精准化，强化二次、三次分配在共同富裕中的作用，通过治理结构再造形成一种常态化的正式制度，盘活政府、群众、企业等多方主体构建共同参与新格局，形成数据、利益等多维度的交集，驱动制度规则重塑保障各方主体的基本利益，逐步满足更高层面的效率与公平的发展需求。

### 3. 以创新扩散实现共建共治共享价值主张

从数字技术赋能与业务流程驱动转向以人民为中心的场景应用，技术创新应用持续扩散，数据要素带动其他生产要素的配置与流动，实现社会生产力高度发展，在更大范围内为用户实践和发展结果带来内生增长动能。处理好短期与长期的关系，渐进均衡、螺旋式提高经济社会全面发展的价值理性。

通过治理手段与模式创新促使多跨协同应用扩散，打造变革型组织，加速治理体系和治理能力现代化建设。以更高频次的数据交互实现更细颗粒度的需求满足，提升数字红利的普惠性，提高经济社会发展的平衡性、协调性、包容性，以涓滴效应、溢出效应实现"发展成果由全体人民共享"的中国式现代化。基于大数据驱动精准决策，从服务对象的满意度出发，通过数字生态系统网络重塑社会关系，打造共富联合体，界定各方主体权责，在更多样场景、更多元主体、更广阔领域实现更全民参与的共建共治共享的价值创造。

## （二）数字化改革推进山区县共同富裕的"大下姜"的探索实践

淳安县地处浙西，毗邻安徽省，地域面积4427平方公里，其中山地和水域面积占比约95%。全县337个行政村、32.9万常住人口（2020年第七次全国人口普查数据）大部分位于山区。为落实千岛湖综合保护和生态红线、水功能区等约束性规划，全县工业、建筑业发展受限，主要以农业和旅游业为主，一直存在农民增收难、村集体经济薄弱以及村各自为政、单打独斗的现状。其中下姜村近年来发展空间不足，产业供需矛盾凸显、与周边村协调不够等瓶颈问题愈发突出。

为了突破山区地理地貌、人口素质、生态资源保护等对经济收入增长的制约，2018年以来，淳安县在省、市两级政府的支持和指导下，按照地缘相邻、文化相近、产业互补原则，创新组建包括下姜村及周边31个行政村的"大下姜乡村振兴联合体"，通过平台共建、资源共享、产业共兴、品牌共塑等系列举措，逐步走出一条以数字政府建设带动区域联动、抱团发展的共同富裕之路。

### 1. 党建统领，打造基层变革型组织

聚焦党建引领共同富裕作用发挥不够等问题，打造党建领富模块，探索联合体共富和智慧监督两个应用场景，主要以变革型组织为抓手，建设"改革运行""我们一起富"和"村党支部书记话共富"应用，理顺党委组织架构和三级协调运行机制，复制推广"大下姜乡村振兴联合体"共富模式，提升党建领富水平。

专班运作，统筹推进。组建工作专班，健全周报告、月例会制度，在不打破原有行政区域规划的前提下，推进跨区域联动。深化"大下姜乡村振兴联合体"党委对乡村振兴工作的全面统筹，建立乡镇党委、政府具体负责，有关单位协同作战，村社两委抓实落地的逐层解决问题、确保统筹推进大下姜共同富裕工作正常运作的体制机制。

规划引领，科学发展。2018年以来，按照省委"跳出下姜、发展下姜"思路，市县编制并实施了《下姜村及周边地区乡村振兴发展规划》和交通、旅游、农业产业、村庄建设四个专项规划（以下简称"1+4"规划）。规划分近期（2018—2020年）、中期（2021—2035年）、远期（2036—2050年）阶段实施，旨在推动生态、生产、生活"三生"融合发展，不断加速乡村振兴和共同富裕示范区建设。

问题导向，跨村联动。聚焦当地产业能级不高、业态不新、联动不紧、均衡不够等问题，2019年6月，结合"1+4"规划推进实际，淳安县坚持下姜村示范引领、大下姜组团联动和周边区域融合互动，创新组建覆盖枫树岭镇下姜村等18个行政村和大墅镇7个行政村的"大下姜乡村振兴联合体"，并成立联合体党委和理事会，2022年扩增至63个行政村，覆盖5.9万人口。该联合体负责大下姜区域跨镇联动和全局问题的统筹、协调、督查、落实，形成了联合体党委统筹、乡镇负责、部门协同、村社落实的工作机制。

### 2. 结对帮扶，共创收入增长新模式

实施"我们一起富"行动计划。成立联合体理事会，吸纳区域内农工商企业、村经济合作社、乡村民宿和文创企业等168家市场主体及若干乡贤入会，下设培训、乡村旅游、农林和文创四个产业分会。"强村富民"，通过配强班子、健全机制、做大优势产业，不断拓宽农民持续增收渠道；"强村带弱村"，针对区域内18个相对发展强村和9个驻镇单位结对区域内9个相对弱村，通过支部联建、产业联兴、考核联评，抱团发展推动区域发展均衡化；"先富带后富"，在"一户一干部"的党员结对帮扶基础上，区域内616名先富群众与932户低收入农户结对帮扶，助力共同富裕；"周边融合带动"，把改革创新机制和发展红利辐射到周边乡镇，推动产业联动发展，共享发展红利。

资源共享，互动共生。打造"大下姜"共同富裕数智驾驶舱，实现多方数据交互，加快区域内交通、通信、供电以及人才、技术等服务资源共享，建立村企合作等要素资源共享机制，创新村民入股联营、民宿"五统一"（统一规划、统一管理、统一营销、统一分客、统一结算）与民宿加盟制相

结合的市场资源共享机制，如建立共享自来水厂，覆盖枫树岭镇、大墅镇、安阳乡、里商乡等的 2.9 万人口；建立丰家源村共享酒厂、桃源凌家村共享洗衣房等，充分整合区域资源。

产业共兴，突出特色。综合区域资源禀赋，因地制宜发展特色经济。以"企业＋基地＋农户"模式升级农林产业，建立规模农产品生产主体信息库、县乡基地三级农产品质量安全检测室，构建农产品绿色认证、质量安全智慧监管、二维码溯源体系，培育落地国内首个农村数字化生态蜂业网络；开设千岛湖品牌农产品馆"大下姜"电商分馆，开展线上助农直播；打造下姜片区旅游培训产业带、铜山片区中药材产业带、白马片区农特产品产业带、夏峰片区红高粱产业带等 4 个特色产业带；构建"2+5+10"精品课程（核心课程、系列课程、实践课程）和 3 条线路（保护路、帮扶路、共富路）"129"农林产业振兴工程，成功创建 1 个省级现代农业园区，建成竹林、油茶 2 个万亩产业基地和红薯、红高粱、葛根等 9 个千亩产业基地；借力"两山银行"，将碎片化生态资源集中收储后统一打包入市转化为资产资本的模式，成立淳安县生态资源经营开发有限公司，统筹管理生态转化项目开发工作；创新"入股联营"实现产业抱团发展。由区域内 25 个行政村共同出资组建杭州千岛湖"大下姜"振兴发展有限公司，聘请职业经理人负责域内农产品整合开发、乡村旅游、劳务服务、品牌宣传推介等业务。

品牌共塑，持续提升。统一对农产品、旅游产品和文创产品进行品牌策划和形象设计，注册"下姜村""大下姜"等系列全品类商标，发布"大下姜"品牌形象，制定品牌商标使用管理办法，建立品牌示范基地，委托合作市场主体进行市场营销，以品牌入股或授权的方式实现品牌价值转化。

### 3. 以人为本，共享现代化美好生活

通过持续数字赋能与创新扩散，2021年1—8月，"大下姜"25个村集体经济总收入1845.54万元，村集体经营性收入692.28万元，11个村完成"5030"目标。2022年上半年，"大下姜"农村常住居民、低收入农户人均可支配收入分别为16241元、8732元，同比分别增长29.99%、20.4%；城乡居民收入差距不断缩小，浙江省与"大下姜"、下姜村的城乡居民收入倍差分别从2018年的2.22、1.64缩小到2020年的2.02、1.48；县城镇居民与大下姜区域农村居民人均可支配收入倍差缩小到1.58；据农商银行枫树岭支行统计，该行2020年12月底个人储蓄存款余额同比2019年增长5.29%，较2017年12月底增长36.2%。在实现收入显著增长的基础上，"大下姜"同步注重生活水平的提升。

指数先行，打造数字管理系统平台。建立经济高质量发展、区域协调发展、收入分配格局优化、公共服务优质共享、精神文明建设、全域美丽建设、社会和谐和睦等7个方面细化、量化、指标化的36个指标，赋予不同权重和算法建立数据模型，构建乡村共同富裕画像，让共同富裕看得见、摸得着、真实可感，为党委、政府推动共同富裕提供分析决策依据，并建立短板弱项研究机制，形成从短板预警到举措落实的工作闭环，构建以共富指数为引领，"深绿创富、民生享富、智治安富、党建领富"为支撑的"1+4""大下姜"共同富裕框架体系，拆解出红色培训、健康服务、智护山水、联合体共富等15项二级任务，打造多跨协同与制度重塑并重的共同富裕数智应用场景。

数字赋能，提升公共服务城乡均等化水平。开通"大下姜"巡回医疗车，2021年上半年累计提供义诊、健康体检等服务7.12万人次，家庭医

生规范签约率达 50% 以上；建成下姜村卫生室直联省城医院专家远程会诊的智慧医疗系统，群众在"家门口"即可享受省市优质医疗资源；探索推行智慧养老，开展农村养老服务设施配套建设，为镇敬老院和下姜村 106 名 70 岁以上老人配备智能手环，实现村养老服务照料中心全覆盖；加快统筹"大下姜"中小学教育布局建设，推进大墅镇初中与枫树岭镇初中合并办学，重建"大下姜"时代小学，推行"互联网+"教育模式，实施名校结对帮扶。

多方协同，共建乡村智慧治理体系。推行进村驻点"代办服务点+自助服务终端+移动终端"等新模式，群众办事实现"就近跑一次"；建立全区域覆盖、多要素融合的"大下姜"智慧治理平台，将人员车辆识别、治安监控、智慧消防、阳光厨房、智慧治水、智慧城管等数据接入；推出网格员"点对点"服务模式，打造全域共建共治共享的基层治理新格局；积极推广数字生活，在全国农村率先实现 5G 网络全覆盖，以下姜村为中心、覆盖周边的数字化、智慧化服务网络逐步织密；深化乡村社会治理体系；以塑造"四种人"党建品牌为核心，加强党建引领，推进法治、自治、德治、智治"四治"融合，打造人人有责、人人尽责、人人享有的共建共治共享数字乡村建设新模式。

## （三）数字化改革赋能乡村共富联合体建设对推进共同富裕的启示

"大下姜"乡村振兴联合体的实践表明，数字赋能是实现山区县共同富裕的重要手段。为进一步加大山区县共同富裕的数字赋能，推进浙江省高质量发展建设共同富裕示范区，本书提出以下建议。

第一，进一步缩小数字鸿沟，解放和发展生产力，缩小城乡收入差距。

在当下我国城乡经济社会和数字化融合发展的现实基础之上，通过抓住数字机遇，以人民为中心，加快推进城乡数字化协调发展与建设，着力弥合城乡数字鸿沟，以数据要素带动生产力水平提升，从而激发经济社会发展的新一轮内生动力。弥合城乡数字鸿沟主要包括以下三条路径：其一，在网络信息化发展与数字化建设中，加强网络信息基础设施的共建共享，提高数字接入的可及性；其二，提升人民群众的数字素养和数字能力，逐步缩小数字鸿沟，通过数字技术的全面应用充分释放数字红利；其三，以数字化发展缩小城乡差距，强化城乡数字资源的一体化统筹，从而进一步解放农村地区的生产力，优化生产关系，增加低收入群体的收入，最终实现共同富裕的目标。

第二，进一步依托大数据实现精准决策，准确识别民生需求，提供精准化公共服务。深入贯彻乡村振兴战略，构建系统、精准、完善的农村基本公共服务标准体系。基于乡村资源禀赋，以政府为主导，结合社会、市场等力量，加速农村公共服务的精准供给，通过数字赋能破解城乡二元化的历史难题。以满足现实需求为目标，通过数字乡村建设加速数字技术全面供给，通过"线上＋线下"的模式创新提供精准化、个性化的公共服务，以"技术支撑＋制度保障"提高经济社会发展的效率与公平。

第三，进一步扩大数字生态系统范畴，纳入更多主体，实现多方共建共治共享。加速共建共治共享的治理模式创新，发挥政府、村民、社会组织、企业等多元主体的协同效应，通过市场化手段激活农村居民的自主性和能动性。首先，引入平台企业、科技企业，将其作为数字乡村建设主体之一，构建政府、企业、社会交互式互补机制，补齐传统乡村治理与服务的短板。其次，尊重农村居民社会表达和社会参与的权利，捍卫乡村社会的公共价值。打造多元化、多渠道的村民需求表达路径，精准识别改革需求，提升村民参与数字乡村建设的层次；通过数字乡村治理的各类组织载体，为农村居民自主性的发挥和信息技能的提升提供支持。最后，通过多方主体的参与实现共建共治共享，实现经济社会发展更高的价值取向。

## 四、富阳基层治理服务，提升人民群众"三感"

基层治理是国家治理的基石，统筹推进乡镇（街道）和城乡社区治理，是实现国家治理体系和治理能力现代化的基础工程，其成效很大程度上决定了群众的获得感、幸福感、安全感，是扎实推动共同富裕的重要表征。党的十八大以来，党中央高度重视基层治理，习近平总书记强调，"基层强则国家强，基层安则天下安，必须抓好基层治理现代化这项基础性工作"[①]。党的十九届四中、五中全会专门对健全党组织领导的城乡基层治理体系作出部署[②]。2021年4月，《中共中央　国务院关于加强基层治理体系和治理能力现代化建设的意见》印发，就加强基层治理体系和治理能力现代化建设提供纲领性指导。

习近平总书记指出，要"努力做到民有所呼、我有所应"[③]。富阳区在浙江省委全面推进数字化改革的背景下，坚持"小切口，大场景"要求，从解决老百姓的急难愁盼问题入手，围绕构建党建统领、多元融合的基层治理

---

① 向全国各族人民致以美好的新春祝福 祝各族人民幸福吉祥 祝伟大祖国繁荣富强.人民日报，2021-02-06（1）.

② 推进新时代基层治理现代化建设的纲领性文件.人民日报，2021-07-13（4）.

③ 习近平李克强俞正声刘云山王岐山分别参加全国人大会议一些代表团审议.人民日报，2017-03-08（1）.

服务体系目标，开发建设"民呼必应"应用场景，聚焦群众感知，通过数字化改革打破基层治理工作的瓶颈，赋能各级基层党组织更好统筹政府、社会、市场等多元主体力量，共同参与治理服务，推动基层治理效能提升，切实提升共同富裕进程中群众"三感"与满意度。

## （一）"民呼必应"建设背景

根据中央精神，从完善党全面领导基层治理制度的角度出发，富阳区委组织部以数字化改革为牵引，开发完善"民呼必应"应用场景，着力构建党建统领、多元融合的共同富裕基层治理服务体系。这一探索实践，主要有以下四方面背景。

### 1. 践行新时代党的组织路线，完善上下贯通、执行有力的组织体系

2018 年 7 月，习近平总书记在全国组织工作会议上鲜明提出新时代党的组织路线，强调要"以组织体系建设为重点"[①]，坚持和加强党的全面领导。党的十九大报告中指出，不断增强党的政治领导力、思想引领力、群众组织力、社会号召力，确保党永葆旺盛生命力和强大战斗力，是推进新时代党的建设新的伟大工程的题中应有之义，更是党的建设的必由之路。这要求基层政府牢牢把握"加强党对基层治理的全面领导"这一主线，切实加强党的全面领导，打造涵盖街道大工委、社区大党委、城乡组团捆绑、镇街组团联村等在内的基层治理变革型组织。

### 2. 加快基层治理数字化转型，从理念和机制层面建设变革型组织

2021 年初，浙江省委、省政府在全省数字化改革推进大会上，全面部

---

① 习近平.切实贯彻落实新时代党的组织路线　全党努力把党建设得更加坚强有力.人民日报，2018-07-05（1）.

署启动了数字化改革工作，7月，省委、省政府提出，要建设变革型组织、提高领导干部塑造变革能力。顺应数字时代要求，建设变革型组织，推动基层治理现代化成为全省共识。2020年，富阳为加强小区治理工作，先行先试开发了"富春智联"智治系统。2021年，新的部署对基层政府提出了新要求，富阳从做好顶层设计，加强跨领域、跨层级、跨部门协同等方面入手，迭代升级开发"民呼必应"应用场景，构建交互式基层智慧治理平台，推动流程再造、体系重塑、功能优化，创新"四治融合"的基层治理体系。

### 3. 争当共同富裕示范区范例，做好基本公共服务均等化工作

浙江省是全国共同富裕示范区，富阳是浙江省首批高质量发展建设共同富裕示范区"公共服务优质共享领域"试点区。2018年以来，富阳紧扣民生福祉，连续3年开展"百日解百难"专项行动，并结合党史学习教育创新了"昼访夜谈"调查研究等访民情、听民意、解民难的特色工作载体，积累了一些先发优势。为实现共同富裕，解决当前社会主要矛盾，必须坚持以人民为中心，提高政府治理与服务的精准性与回应性，不断提高共同富裕进程中的群众获得感、幸福感、安全感和认同度。

### 4. 发扬优良传统，走党的群众路线，打通基层治理中的痛点和堵点

习近平总书记提出"民心是最大的政治"[1]，"民生是最大的政治"[2]，群众是共同富裕的最终落脚点。随着经济社会发展，群众需求日益多元，但从基层实际看，乡镇（街道）和村（社区）党组织实际可调动参与基层治理服务的资源力量十分有限。同时，也有群众不知晓反映个性化需求的对

---

[1] 习近平：在第十八届中央纪律检查委员会第六次全体会议上的讲话.人民日报，2016-05-03（2）.

[2] 新时代学习工作室.习近平谈改善民生：要一诺千金，说到就要做到.（2019-01-09）[2022-03-15]. http://cpc.people.com.cn/n1/2019/0109/c164113-30512335-3.html.

应职能单位，反映后也不能实时掌握相关单位的办理情况，办理时间偏长，存在"不知道找谁办或办得怎么样"的情况。部分小问题因时间拖得久了，由小矛盾演变为信访的大问题。这要求坚持从基层、群众角度出发，突破基层治理的瓶颈，再造为民服务的流程，提升群众的幸福感，进而夯实党的群众基础。

## （二）"民呼必应"建设实践

根据中央精神和省委数字化改革"1+5+2"工作体系要求，富阳区以"解决群众烦心事、揪心事"这一小切口为切入点，按照 V 字模型，分下行、上行两个阶段推进应用场景建设。在 V 字模型下行阶段，按照"全域协同、高效治理、服务群众"目标，梳理出群众需求发现、基础数据管理、流转处置平台、群众评价关联、分析预警智控等 5 项一级任务，并拆解成为用户使用界面、群众身份认定、需求类型填报等 14 项二级任务和 46 项三级任务。在 V 字模型上行阶段，注重综合集成，通过部门业务系统接入调用、区级数据交互中心共享、智安硬件感知设备自动采集等 3 种方式结合，联通区协同办公系统、统一地址库、综合治理"四平台"等系统平台，推动数据共享、多跨协同，系统建设了"民呼必应"应用场景。

在整体上，主要按照"1+2+4"架构体系进行建设："1"即一个民呼必应数字驾驶舱，作为应用场景的数据和指挥中心，主要实现对全区治理服务态势的实时掌控。"2"即服务端和治理端两端，其中，服务端为应用场景入口，主要面向居民群众、"两代表一委员"、网格员等用户（见图 4-2），集成"12345 市民热线""联名桥人大代表提案""数字政协"等民意反映渠道；治理端为应用场景的工作后台，主要由工作人员使用，按部门、镇街、村社、小区四级分层定制操作界面和权限。"4"即数据动态、掌上服务、先锋力量、智慧管理四大功能模块。

图 4-2 "民呼必应"小程序

第一，数据动态模块。围绕基层社会治理人、房、车三大要素，分别梳理出职业、性别、政治面貌、年龄、专长等 101 项村（居）民身份标签，房屋地址、面积、业主等 17 项房屋管理信息，车辆号牌、车主、进出小区时间等 9 项车辆动态数据。同时，以"民呼必应"应用场景为主平台，打通统一地址库、公安流动人口管理系统、户籍管理系统、小区前端感知系统等数据，建立起居民群众、车辆房屋、地图信息等基础数据库。

第二，掌上服务模块。围绕构建群众诉求"发现、响应、办理、反馈、评价"工作闭环，聚焦"事件流转处置"一级任务，从相关的5项二级任务开始拆解，逐项拆分为人员层级、人员信息、权限设置等16项三级子任务。按照子任务要求，逐一推进应用场景功能开发，统筹PC、浙政钉两端，建立起"居民群众、小区、村社、镇街、区级"五级架构，实现群众提交诉求后，相关单位由下到上逐级兜底办理。

第三，先锋力量模块。围绕"党建＋数字化"模式定位，系统梳理街道大工委制、社区大党委制、城乡组团捆绑机制、乡镇组团联村机制和在职党员进社区、干部监督进社区等党建统领基层治理工作载体的组织架构和运行模式，结合"居民群众、小区、村社、镇街、区级"五级架构，开发"小区党建""干部监督进社区""党员亮形象"等功能，截至2021年12月，已实现对全区1300余个党组织、1.1万余名党员干部的实时一体指挥。

第四，智慧管理模块。围绕乡镇（街道）、村（社区）党员干部和部门派驻人员日常工作的管理考核需求，富阳区梳理了群众评价反馈、值班信息公示、干部信息备案等十余项功能要求，在应用场景中重点开发了工作人员参与基层治理情况全程纪实功能，通过对基层治理数据、群众诉求办理情况的大数据归集和分析，实现对基层治理态势的研判和对单位、个人参与基层治理服务绩效的数字化考核管理。

以"民呼必应"应用场景为依托，配套推进了一系列体制机制改革，以线上线下融合的方式，聚焦共同富裕的群众感知，在七个方面进行了探索。第一，坚持党建统领，多元主体一网统管。坚持在基层治理中发挥党总揽全局、协调各方的领导核心作用，立体整合政府、社会、市场三方资源力量参与基层治理。第二，突出好用实用，群众需求一键智达。聚焦群众感受最直接的民意采集业务，以数字化技术为牵引，进行流程再造。第三，深化多跨协同，治理服务一站办结。发挥党建统领的独特优势，打破政府、社会、市场边界壁垒和部门、镇街"条块"框架，为群众提供一站式服务。依托应用场景，纵向构建"村（居）民群众—网格（小区物业）—村社—镇街—区级"群众诉求自下而上反映、逐级接诉即办的工作闭环，统筹多元主体力量共同承办群众需求，形成全域协同、全科办理的工作模式。第四，厘清权责边界，分类施策一链协同。按照群众诉求"发现—响应—办理—反馈—评价"流程链条，厘清政府、社会、市场三方主体的权责边界，形成分级分类办理的工作模式。第五，聚焦智能智慧，治理态势一屏掌控。深化"民呼必应"应用场景运用，基本实现民有呼必有应、民未呼主动应、民不呼智能应。第六，实行系统考评，工作责任一贯到底。发挥组织部门抓人促事的独特优势，以群众满意度为主要内容，建立多领域多层级全覆盖的考核评价体系，夯实工作责任。第七，健全管理机制，数据安全一体防护。聚焦应用场景的研发、运维、推广等全过程，多措并举，切实将信息安全防护措施落实到各个环节。

### （三）完善基层治理服务体系，提升群众"三感"的成效与经验

2021年4月25日，"民呼必应"应用场景在10个镇街32个村社启动试点工作。6月9日，应用场景正式面向全区推广，截至2021年12月31日，已认证居民群众60.8万余人，日活用户约4500人，累计办理群众诉求12.8万余件，日均承办群众诉求近800件，整体办结率和满意率均在98%左右。"民呼必应"应用场景作为典型的完善基层治理服务体系实践，取得了较好成效，为提升群众"三感"、推动共同富裕提供了以下启示和经验。

第一，打造扁平化、多元化的基层治理服务平台。富阳区将过去各部

门设立的 10 余个投诉平台、民意系统，20 余个各类物业小区服务平台全部整合进"民呼必应"应用场景，实现了平台间的数据互通，统一了民意反映渠道，打造了全区基层治理服务平台，构建了党建统领，政府、社会、市场多元主体共同参与，自治、法治、德治、智治"四治融合"的基层治理模式。2021 年 6 月以来，聚焦共同富裕的群众感知，依托应用场景，全区各镇街、村（社区）党组织牵头，相关社会组织、市场主体协同配合，通过业主大会电子投票、网上公示等自治流程，先后解决了鸣翠桃源小区高楼二次供水、清风阳光苑小区旧楼加装电梯等 950 余个基层治理民生难题，赢得群众好评。

第二，升级主动应、智能应的"民呼必应"模式。通过推进数字化改革，富阳区按照"小切口、大场景"要求，以"解决群众急难愁盼问题"为切入点，综合集成富阳区线下党建统领基层治理系列制度，形成数字化应用，构建了以"民呼必应"应用场景为"大脑"，部门、镇街为"躯干"，村（社区）、小区为"手脚"的现代化治理服务组织体系，实现群众诉求发现、流转、办理、反馈全流程智能化线上运行，推动各方主体主动承办并高效回应群众诉求。以小区一级为例，据统计，应用场景中 90% 以上的群众诉求在小区得到快速办结，大幅改善群众对小区物业的观感，全区小区物业费平均收缴率由 2020 年同期的 71% 提升至 2021 年 12 月底的 93% 以上。

第三，重构智慧化、精准化的为民服务解难闭环。依托应用场景中的群众诉求智能分类、自动推送功能，完善分层分类服务解难机制，构建工作闭环。如，对小区、群众个人的需求，由应用场景分类后推送至相应主体，通过"小区物业依单办 + 个体工商户接单办 + '微心愿'主动办"模式予以快办快结，形成"小闭环"。对村（社区）、乡镇（街道）层面的问题，由应用场景分层推送至村社、镇街层级，依靠街道大工委、社区大党委、城乡组团捆绑、镇街组团联村、百日解百难等载体，充分动员政府、社会、市场等层面的力量协同推进办理，形成"中闭环"。对全区性综合性难题，由应用场景进行智能筛选形成问题库，通过"昼访夜谈"调查研究等形式出具"调研报告"，列入年度"民生实事"项目，适时予以解决，形成"大闭环"。根据第三方机构测评，2021年12月底群众对政府工作整体满意度同比上升约13%，对全区环境卫生、交通秩序、市政管理等民生热点领域服务满意度平均提升了约17%。

第四，落实指挥权、考核权等基层放权扩能要求。在"民呼必应"应用场景中，富阳区重点赋予了乡镇（街道）向属地基层站所直接派单的权力，并通过群众诉求办理情况全程纪实功能和相配套的考评机制，做实了乡镇（街道）对部门派驻人员的指挥权和考核权，提升了乡镇（街道）党（工）委在基层治理工作中的统筹协调能力。据统计，乡镇（街道）向所属基层站所派单办理的560余件群众诉求100%得到了办结，办结率较去年同比提升了近50%，条块协同更显紧密，自上而下推进共同富裕的路径也更加清晰。

# 第五章

# 数字化改革推进共同富裕在社会运行领域的实践

## 一、数字社会：奔赴普惠包容的美好生活

加快数字社会建设步伐是贯彻新发展理念的应有之义，也是创造普惠包容的美好生活的重要手段。立足于共享理念的社会三次分配所凝结的价值观对共同富裕具有重要影响，通过社会力量进行柔性资源共享分配需要内外双效赋能，而数字化为科学、精准分配提供了技术载体。数字技术的社会化应用改变了经济社会发展的基本动力，以互联网网络设施设备等硬件为基础，以组织和个体应用为目标，形成了与工业社会具有本质区别的数字社会。数字社会是后工业文明的社会重构，以数据为纽带，搭建起全社会协同治理运行的网络机制，充分实现社会各部分的有效衔接。同时，数字社会以网络为平台，探索开展政治、安全、发展、文明、生态等多个领域的交流协作，尝试构建解决全球问题的交流机制、共享机制和责任机制。

**数智创富：** 数字化改革推进共同富裕

　　数字化对于社会高质量发展起到重要的推动作用：一方面，加强外力作用，通过国家鼓励、政策激励以及法律支持引导慈善捐赠、志愿服务、公益文化等事业发展，以合理的顶层设计拓宽慈善事业的未来发展道路；另一方面，激发内生力量，将乐善好施、矜贫恤独的中华传统美德厚植于共同富裕理念之中，把责任意识和奉献精神落实到人们对美好生活的向往之中，在社会主义核心价值观的感召下共建友爱社会。

　　在新一轮科技革命推动下，全球迈向数字社会的步伐不断加速。数字技术极大地拓宽了人们的生活半径，深度融入群众生产生活的各个领域，为便利城乡居民生活、优化公共服务能力水平、促进脱贫攻坚事业发展等提供了有力支撑。同时，数字技术也在改变着人的认知模式、生活习惯和互动方式，从衣食住行到移动支付，数字技术为生活提供便利的手段；从听觉到视觉，数字技术为认识社会提供更多样的媒介；从扶贫、教育到医疗、养老，数字技术为追求美好生活提供更广阔的平台。

　　数字社会建设是新发展格局下进一步解放生产力、调整生产关系，以实现人民群众的共同福祉为导向的探索实践。我国加快了数字社会建设步伐，适应数字技术全面融入社会交往和日常生活新趋势，促进公共服务和社会运行方式创新，构筑全民畅享的数字生活。数字社会建设强调社会管理和公共服务方式的变革，强调新发展格局下"以人民为中心"的高质量发展，强调人民群众在数字化转型中的获得感、幸福感、安全感、参与感、认同感，代表大多数人的总体利益、满足民生领域的共同需求，旨在实现创造性转化和创新性发展。同时，数字社会建设紧密结合当前利益与长远利益、局部利益与整体利益，按照社会发展的客观规律，解决社会主要矛盾，在服务民生的过程中实现基层治理体系的现代化和治理能力的提升。

# 第五章 数字化改革推进共同富裕在社会运行领域的实践

中国拥有庞大的互联网用户群体，已成为全球规模最大的数字社会之一，互联网应用和服务的广泛渗透构建起数字社会的新生态，公共服务线上化不断便民惠民；数字技术不断缩小城乡差别，农村新基建不断加速，互联网普及率不断提升，农村数字经济新业态加速形成；中老年网民数量增长迅速，中老年网民群体在总体网民中的占比有显著增长，服务的普适性与覆盖面不断得到重视。

《数字中国发展报告（2020年）》显示，互联网、大数据、人工智能等数字技术充分发挥支撑和赋能作用，有力推动社会服务各领域加速数字化转型步伐，在线教育、线上办公、网络购物、无接触配送等广泛开展，教育信息化建设取得显著成效，"互联网＋医疗健康"提质增效，智慧交通让出行更加安全便捷，数字文旅服务创新发展，数字社保就业服务深化拓展，数字服务包容性加快提升，有效保障各项民生服务的顺利开展，进一步增强了人民群众的获得感、幸福感、安全感。[①]

数字技术不仅可以重塑政府组织形态与经济组织方式，也能系统重塑社会组织方式。一方面，数字社会从本质上改变了"个体—社会"的关系缔结方式，数字连接的实现让"个体—社会"关系的建构可以跳出地方性社会，进而摆脱以人为媒的过程，个体运用数字连接可以直接建构与社会的关系，并有机会与地方性社会之外的广大社会建立联系，从社会意识塑造、行为内化、文化内化到价值观内化都得以实现以数为媒。另一方面，数字社会改变了整个因工业化、市场化、城市化建构的社会体系，包括由政治、经济、社会关系体系形塑的社会分化机制。适应数字技术变革，加快数字

---

① 国家互联网信息办公室.数字中国发展报告（2020年）.（2021-07-03）[2022-02-22]. http://www.gov.cn/xinwen/2021-07/03/content_5622668.htm.

社会建设,有助于扩展社会服务覆盖范围和用户群体,并持续扩大优质公共服务供给、改进治理方式、提高治理成效。

数字社会同样是浙江数字化改革的六大综合应用之一,包括幼有所育、学有所教、劳有所得、住有所居、文有所化、体有所健、游有所乐、病有所医、老有所养、弱有所扶、行有所畅、事有所便等百姓参与度最高、获得感最强、体验最直接的领域。为了满足群众高品质生活需求和实现社会治理现代化,要以与社会治理相关的数据、模块及应用为手段,为群众提供全链条、全周期的多样、均等、便捷的社会服务,为社会治理者提供系统、及时、高效、开放的技术工具与管理方式,形成城市和乡村更公平、更安全、更美好的一种社会形态。

数字社会建设有助于推动社会可持续发展,构筑全民畅享的数字生活,满足人民美好生活愿望,真正推动全民共享数字红利,实现普惠包容。数字化改革推进共同富裕在社会层面的作用机制如图5-1所示。

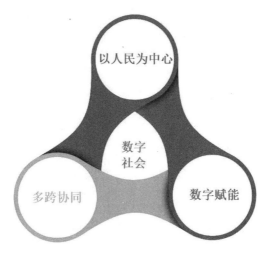

图5-1 数字社会:奔赴普惠包容的美好生活

## 1. 以人民为中心：提升全民数字素养，提升数字普惠性、包容性

以人民为中心，是数字社会建设的立足点，要始终把民众的获得感、幸福感、安全感作为数字社会建设的出发点和落脚点，提供全生命周期的优质共享公共服务，逐步缩小数字应用在不同群体与区域间的差距。要坚持以人民为中心的发展思想，基于数据交互应用推进"互联网＋教育""互联网＋医疗"等领域的融合，持续提升公共服务均等化、普惠化、便捷化水平。提高全民全社会数字素养和技能已成为经济社会发展面临的迫切现实问题和重要发展任务，全面推进数字社会建设，要提升对新一代数字技术的认知和使用数字技术的能力，解决数字意识还不强、数字产权保护还不够、普通劳动者的数字技能仍需提升等问题，为数字经济健康发展、数字政府治理效能提升奠定坚实社会基础。

习近平总书记指出："要提高全民全社会数字素养和技能，夯实我国数字经济发展社会基础"[①]，要把增进人民福祉、促进人的全面发展作为信息化发展的出发点和落脚点，打造高品质数字生活，不断满足人民群众对美好生活的向往。数字社会建设需增强社会数字包容性，让每个人都有条件也有能力使用网络和其他数字技术，充分发挥主观能动性，实现自我价值。由于不同社会群体在获取、处理、创造数字资源等方面存在一定能力差距，需注意数字技术接入与使用以及互联网知识等三道数字鸿沟，向未被服务和服务不足的人群和社区伸出援助之手，注意保障残疾人、未受教育者、老年人等需要更多帮助或处于不利地位人群的权益，提高全民全社会数字素养。

---

① 习近平.不断做强做优做大我国数字经济.求是，2022（2）.

## 2. 数字赋能：夯实数字技术基础，强化数字赋能社会运行

数字技术的融合创新应用为数字社会建设提供了全方位基础支撑，数字技术与产业发展持续高度耦合、深度叠加，不断孕育着变革性的颠覆性创新与突破，推动经济增长与社会发展步入全新阶段。新基建的快速推进为数字社会建设提供了重要支撑，新基建以其特有的数字性、平台性、虚拟性及创新性，在持续挖掘新经济增长点的同时，打破了信息孤岛，通过支撑创新的智能化创造市场并带动新能力培育、助力新动能的孕育壮大、促进人民美好生活需要实现、赋能政府治理能力等机制，助力数字社会发展。新基建以5G网络、人工智能、工业互联网、物联网、数据中心、云计算、重大科技设施为重点，以连接、计算、交互与安全为核心，通过对土地、电力、通信、平台、数据中心等的智能升级与建设，为数据产生、传输、存储、应用等创造条件，通过多种底层技术高效协同，引发软硬件创新"聚变"，提升数据挖掘与融合应用水平，促进数据融合与知识集成。数字技术的融合创新应用将激发巨大的数字红利与广泛的扩散效应，尤其对于偏远地区的教育、医疗等基本公共服务的供给将起到至关重要的保障作用。

数字化转型首先是对生产方式的改造和革新。数字技术使得组织结构向扁平化趋势发展，相关主体可以通过"一网通办""数字孪生城市""数字地球模型"对社会进行组织和管理，劳动者参与经济社会的方式发生变化，个体思维和认知模式更新迭代。数字孪生利用传感器、运行历史等数据，在虚拟空间中搭建数字孪生系统完成对实物的映射，反映实物的全生命周期过程，成为数字社会建设的重要基础。数字孪生通过物理世界的数字化映射，可将人、车、物、空间形态变化等社会数据全域覆盖，形成可视、可控、可管的数字孪生社会，让真实世界里高成本、难实现的事情在

虚拟世界获得实现。以数字化的虚拟映射来模拟社会全要素和时空全过程，从而实现各部门、各系统之间的信息互联互通，并与社会管理细分领域的专业分析算法和数据模型相结合，对资源环境、基础设施、交通运输、社会治理、人口民生、产业经济、社会舆情、公共安全等领域综合运行数据进行可视分析，洞悉复杂数据背后的关联关系，提高决策科学化、精准化水平。

3. 多跨协同：跨部门、跨领域、跨业务、跨层级联动，推动共建共治共享

数字社会是典型的纵向到底、横向到边的多跨协同模式，其开展跨部门多业务协同及子场景梳理工作，构建业务协同模型，推动各类业务整体智治、高效协同，具有多元主体参与、多源数据共享、多部门协同等特点。数字社会建设通过流程再造、改革创新、制度重塑，促进政府、企业、第三方机构（组织、社团）和群众等主体高效协同、生态构建，实现社会服务治理的相互贯通，聚合一批大联动的数字化场景。同时，秉持开放思维，更好发挥市场力量，强化政企协作，构建良好生态，全面激发多方利益主体的动力与活力。

数字化转型为全球经济社会发展带来新动能的同时，也成为需要政府、市场、社会多元主体共建共治共享的重大集体行动，以应对不平衡不充分现象日益突出、数字鸿沟带来新的不平等、整体性治理尚未完全成型、技术主义去中心化的特点带来的治理碎片化等挑战，使数字社会代表大多数人的总体利益、满足民生领域的共同需求，实现创造性转化和创新性发展[1]。

---

① 包蕾萍.数字社会建设：挑战、机遇与理论创新.（2021-12-27）[2022-02-22]. https://theory.gmw. cn/2021-12/27/content_35408976.htm.

# 二、杭州未来社区，建设共同富裕现代化基本单元

未来社区既是数字社会建设的神经末梢，又是高质量推进共同富裕的基本单元，旨在解决城市化进程中产生的一系列问题，推动新的内需发掘、新的技术应用以及新的治理组织变革，打造人民美好生活的幸福家园。浙江省委、省政府提出："全省域推进城镇未来社区建设，深入实施未来社区'三化九场景'推进行动，以未来社区理念实施城市更新改造行动，打造绿色低碳智慧的'有机生命体'、宜居宜业宜游的'生活共同体'、共建共治共享的'社会综合体'。"①

未来社区作为浙江在全国首创的重大民生工程，其核心是把握好作为共同富裕现代化的基本单元和人民美好生活的幸福家园两个重要属性。聚焦人本化、生态化、数字化三维价值，未来社区集成未来邻里、教育、健康等九大创新场景，旨在解决城市化进程中产生的一系列问题，以及在城市升级、需求升级和技术升级趋势下，推动新的内需发掘、新的技术应用以及新的治理组织变革。

2019年底，杭州在全省率先出台《高质量推进杭州市未来社区试点建设的实施意见》，明确了全市未来社区的建设路径。在建设过程中，杭州坚持以浙江省未来社区"139"顶层设计为指引，扎实做好试点创建工作，积极探索可持续、可复制、可推广的未来社区杭州模式，建设共同富裕现代化基本单元。

--------

① 袁家军.扎实推动高质量发展建设共同富裕示范区.求是，2021（20）.

## （一）数字化改革赋能未来社区的基本认知

社区是指聚集在一定地域范围的人群构成的社会生活共同体。从社区概念出现至今，其基本内涵没有变化。但随着城镇化进程的不断加快，交通拥挤、邻里淡漠、能源紧缺、环境污染等"城市病"相继出现。与此同时，以人工智能、物联网、区块链等为代表的新一轮信息技术加速突破集成应用，推动了智慧城市的发展和演变。在科技的加持下，新的社区发展模式——"未来社区"的内涵和外延正在不断迭代创新。建设更智能、绿色、包容、普惠的未来社区已成为必然。

首先，未来社区是存量背景下的城市更新。现有城市空间，存在建筑结构老化、基础设施不足等问题。有机更新真正的难度，不在于"破"而在于"立"。未来社区不仅是城市策略，更是一场城市行动，其本质绝非简单的空间整治，而是探讨如何在一个相对较大的城市尺度，有机、合理地嵌入新的社交生活圈。其次，未来社区是打破边界的"人"的回归。社区内部与其外的城市空间之间简单的领地划分既导致了"最后一公里"问题的产生，也让居民在进出门的一瞬间产生"断档"，形成体验阻隔。未来社区借此提出了"X分钟出行、共享圈"，在数字创新的基础上，围绕安全、便捷、社交等高频需求，提供最大程度共享的服务。最后，未来社区建设是循序渐进的系统工程。纵观我国城市社区建设历程，可以概括为三个层次：第一个层次是强化社区功能，第二个层次是建设文明社区，第三个层次是推进社区民主。作为数字社会神经末梢和共同富裕示范区的最小单元，未来社区从以新建为主逐渐向现存改造更新转变，来到增点扩面阶段，应该被理解为更大尺度下的城市策略和一项层层递进的系统工程。

作为生活共同体，社区不仅有物质空间的属性，也有社会、经济、文化、政治的属性，这种复杂性也凸显了社区多元的价值需求。社区有安全、规范、秩序等稳定性价值需求，也有包容性、多样性、参与感、认同感、活力度等发展性价值需求。数字化改革赋能未来社区，需要以多元价值需求为导向，通过数字基建和数据互联，将物联网、数据平台与物理空间充分衔接，贯通城市大脑、社区中脑和家庭小脑三个层级，构建成居民、社会、政府、企业等多方交互联结的数字生态，系统重塑生产方式、生活方式、治理体系和社会运行机制，让老百姓能够充分享受数字化改革成果。

精准把握未来社区的内涵，尤其需要正确认识四个关系：一是表与里。未来社区既要关注空间格局的改造，又要关注人的全面发展需求，通过激发居民参与社区的主动性来提高社会文明程度。二是新与旧。未来社区在规划新建单元和公共空间时，要注重资源共享，促进社会群体融合，改变老旧小区相对滞后的现状，以新带旧，新旧融合。三是虚与实。未来社区要推动线上与线下的融合，依托社区数字化平台及线下社会治理和服务机构，建设便民惠民智慧服务圈。四是政与企。政府搭台，企业唱戏，未来社区的建设需要发挥市场主体的积极性，探索可持续运营的市场化政策和机制。

### （二）数字化改革赋能未来社区的杭州实践

总体来看，杭州的未来社区建设与数字化改革已从理念普及、初期试点阶段进入到同频共振、同向发力阶段，具有以下特征：第一，推进社区空间数字化，落地城市大脑应用，通过"数据融合＋资源聚合＋力量联合"

构建虚实交融的数字孪生社区，破解社区空间资源的精细化管理、配置、利用难题，建设空间"智治"平台；第二，实现服务共享化，搭建党建引领与多种模式创新相结合的"1+N"服务体系，积极探索"平台＋管家""公益＋积分""标准＋个性"及"数智服务联盟"等模式，以共治促共享，激发参与"智治"动力；第三，着力政策精准化，通过数据赋能和多跨协同，打造"五个一"社区治理新模式，即信息一屏掌控、应用一网联通、业务一机通办、需求一键智达和数据一表录入，切实精准地把政策落实好、落到位，增强老百姓的获得感、幸福感，打造硬核"智治"成果。具体实践经验表现为如下几点。

## 1. 技术赋能虚实共生，打造社区数字空间

聚焦数字化价值坐标和"三化九场景"，以物理社区为基础，叠加城市大脑功能、未来社区规划、建设和运营全过程数字信息，全面对接现实社区的空间结构和功能载体，由传统的以"物理空间"和"人类社会"为主的二元空间向"物理空间＋人类社会＋信息空间"三元空间发展。其中，瓜沥七彩社区坚持"边建设、边运营、边总结、边迭代"的螺旋式发展理念，通过数字孪生技术形成完整的社区信息空间。在规划阶段，汇聚社区规划单元自然资源、社会政务和设施配套等数据，依托CIM（城市信息模型）平台优化视觉体验，以三维可视化方式辅助用地功能、流量运营和数字场景等规划决策；在建设阶段，依托BIM（建筑信息模型）咨询体系筹配套技术标准规范、应用组织体系和应用保障措施，集成设计施工一体化模拟应用，实现集群项目协调管控，营造了一批符合数字化时代居民特征的社区新基建；在运营管理阶段，以空间三维数字孪生运维平台为主，全面融合和赋能九大场景，联合物业服务、信用积分、应急处理和健康管理平台，

全景式管理社区的惠民性、公益性和商业性空间，将数据资产的价值最大化。由此可见，数字孪生技术应用，促进社区向"人本化、生态化、数字化"的未来新型城市功能单元的方向升级。

### 2. 多主体协同参与共建，提供社区共享服务

充分发挥党建引领作用，强化社区共同体角色，引导居民、企业和社会组织等多主体高效协同提供多种优质公共服务，促进共建共治共享。如：龙兴社区以"红动未来"为主线，整合党群服务中心、文体活动中心和居家养老服务中心等各类功能和资源，积极发挥党员的先锋作用，打造全省首个未来社区党建服务综合体；瓜山社区以瓜山未来视界智慧服务平台与公寓管家联动的方式，2021 年末服务 APP 签约激活率达 96.27%，用户活跃度达 80% 以上，在创新社区物业服务机制和运营模式的同时也增强了居民黏性；杨柳郡社区建立了"共享客厅"和 WE 志愿小站，由多家商业机构、70 多家商铺和社区内 12 个居民共享空间共同组成服务联盟，推进社区居民与企业、社会组织内外联动；府苑社区推出"时间银行"，瓜沥七彩社区（见图 5-2）通过"服务换积分，积分换服务"的机制，充分调动居民参与公益事业和志愿服务的积极性，也将共同富裕变成了一种可感知、可参与、可贡献的现实体验。上述实践说明，未来社区建设具有普惠性，聚焦提供均等、共享的公共服务，加速政府、居民、社会等多方主体的协同参与，是推动未来社区建设的动能。

图 5-2　瓜沥七彩社区公共服务中心

### 3. 数字赋能和制度重塑融合，实现政策精准执行

以技术为支撑、以制度为载体，用数字化手段重塑社区治理制度，打通信息孤岛，加快数据实时交互，推动基层事务高效协同和流程再造。如：葛巷社区打造居民用户端、物业管家端和社区管理端的集成平台，在一个数字驾驶舱中实现各类服务数据库的互联互通，形成事件类别及处置流程设置、事件上报、事件处置、事件评价业务闭环；冠山社区联通智慧服务平台开发"冠山邻聚里"APP，集成各类惠民应用实现"一窗全科受理"模式，APP内"直通码"集民意直达、处理进度可视化和评价考核于一体，促进社区联结居民实现"互动式治理"；红梅社区推广"一表通"应用场景，通过数据一体化集成、表单简化填报和动态更新完善，重塑基层表单报送、数据更新和基层治理机制，为社区工作者减负、增效和提能；良渚

文化村社区充分结合线下阳光议事厅打造居民和社区平等对话的线上平台，通过"线上议、线下决"的形式实现居民一键上报和物业、社区处置流程透明化、便捷化。综上实践，"技术赋能＋制度创新"精细化、精准化社区管理，为未来社区治理现代化创新提供了路径。

### （三）进一步推进数字赋能未来社区建设的建议

当前未来社区建设过程中依旧存在短板，主要体现在：第一，市场主体力量有待增强。"政府引导、市场运作"是指导未来社区建设的基本原则之一。目前各地政府在未来社区的建设中发挥主导作用，但市场的供给力量相对薄弱，政府、市场、企业和居民等多元主体在未来社区建设中尚未达到平衡。一方面，未来社区的建设需要投入大量资金，给政府带来了巨大的财政压力；另一方面，市场主体参与不足导致了市场主体供给侧和试点社区需求侧之间缺乏精准对接，尤其是为连接各主体而成立的未来社区产业联盟还未能发挥出重要的作用。第二，数据质量有待提高。社区是数据汇聚及与相关政府部门数据共享和交换的中枢，但目前存在数据获取难、数据质量低等问题，制约数据渗透性、汇聚性和联动性的发挥，形成了基层部门之间的数据壁垒和沟通障碍，"信息孤岛"问题明显。当前数字化改革的重要目标是实现"152"与"141"体系衔接贯通，以数字化为基层赋能、减负、提效，因此，解决数据壁垒问题是实现这个重要目标的基础。第三，服务均等化矛盾有待解决。一方面，未来社区是社区居民社会活动高度聚集的地域空间，主要包括居住生活空间、公共文化空间和创业空间等，但是部分老旧小区存在公共配套长期"欠账"、数字基础设施相对滞后、规划建设难以适应数字化场景落地需求等问题；另一方面，未来社区试点采用申报制，而非基于社区居民需求迫切度，而数字化也可能进一步放大试点社区与其他社区之间的服务差距。

数字赋能未来社区的杭州实践创造了可复制、可推广的经验。结合未来社区内涵特征与建设现状，为进一步推进未来社区建设，打造共同富裕示范区，提出以下几点建议：

第一，推动市场主体参与，实现体制贯通。以政府为主导，发挥市场在资源配置中的决定性作用，积极引导市场的力量参与未来社区建设，充分调动社会主体的积极性。培育一批社区数字化运营企业，打造常态化、可持续性的运维机制；积极引入数字化产业的优势项目，重点打造"社区专班＋多物业＋多社会组织＋数智联盟"的联合创新运营模式，推进数字化平台迭代升级；进一步完善未来社区建设内外联动机制，进行"EPC+O"（一体化实施）、"物业＋未来社区场景"等整体运营模式的探索。对业态还未成熟的已建成社区，可探索由一家运营机构落实整体运营；对物业服务优质、居民满意度高的社区，可探索"物业＋未来社区场景"运营；其余社区可由社区进行主导，企业和社会组织按场景分块运营，打通各主体间体制机制相互贯通的渠道。

第二，创新系统功能集成，深化流程再造。建议借助数字化的强大动力推动公共服务流程再造，构建"横向到边、纵向到底"格局，进一步深化社区业务流程再造。如全面打造联通社区治理各主体的数字平台，打破传统的行政化供给和社会化供给的壁垒，推进数字化治理服务系统功能创新集成，明确各方主体的权责，建立明确的电子权责清单、事务清单，解决不同主体间的多跨协同问题，畅通社区治理流程，实现社区智治。同时，通过数字化手段建立重大事项协商、难事协调解决和急事快速应对等线上线下共管机制，从而完善社区协商框架、推进社区协商主体多元化。

第三，紧密连接"家庭小脑"，穿透神经末梢。实现"城市大脑""社区中脑""家庭小脑"三级平台的高度贯通。完善社区"家庭画像"，建立"家庭日志"。在确保安全的情况下，通过物业、商业、社交平台等渠道，加速居民消费习惯、兴趣爱好、工作节奏、社交群体等深度且有价值数据的采集。可对物业、社区商业、社交媒体平台上沉淀的居民行为数据进行深度挖掘，制定与政府数据互通的有效留存机制，如开发基于社区服务的电子业主卡，深入了解居民需求；参考日本"编织之城"模式推进自动控制网络与互联网的连接，推动建筑物、车辆和居民通过传感器相互沟通。通过智能水表、烟感器、燃气报警器等动态、无感的公共服务数据采集方式对居家环境进行实时监测，通过基于传感器数据智能监测，来检查健康状态，为高龄独居、空巢、孤寡等特殊困难者提供全方位、全时段的暖心数字守护。

第四，聚焦公益共享兼容，释放民生暖意。社区公益性文化事业的发展要与人民群众日益增长的物质文化需求相匹配。借鉴新加坡"邻里中心"管理经验，提高场域空间资源的集约化、高效化和弹性、兼容性。如打造"人才公寓+共享办公+创业服务"等在内的"场景混合体"，推进幼儿教育、老年康养等方面的跨界联动；创新设施的运维模式，引入商业机制触发"触媒"效应，提升设施的时间与空间弹性利用水平。此外，还要加快整合现实社区和虚拟社区，合理配置各类功能建筑（场所）的类型与规模；注重老人小孩的社区嵌入性和柔性服务需求，开发多端应用，探索授权代理、亲友代办等服务，不断缩小数字鸿沟。

第五，深化基层减负增效，打造治理闭环。进一步发挥党建工作的

"带头"和"纽带"作用，通过搭建平台在组织社会力量方面发挥的整合性功能，发扬党员的先锋模范作用，打造独特的"整体智治"优势。聚焦社区工作者日常工作流程，不断提升社区工作者数字化能力，让社区工作者回归服务群众的本色。一方面，建议坚持以问题为导向的应用及平台设计思路，推动现代化社会治理在基层的应用落地，借助大数据等智能化手段，自动生成与报送各类部门汇总表单，实现多表合一和信息共享，促进社区信息互联互通。同时，积极推动系统接入更多省（区、市）、市、县（市、区）的数据平台，利用系统的业务数据，通过多维度研判分析，及时发现基层治理中的热点、痛点、难点问题，实现事件的自动分类、风险评估和工作进度的自动生成，以期实现更多类别场景的协同应用。另一方面，在保障和尊重社区居民隐私的基础上拓展社区信息交互途径，通过家庭小屏幕与社区大屏幕的"双屏联动"，推进治理网络的社区全覆盖，打造"信息速达、需求速知、服务速至"的高效治理闭环。

第六，打破数据壁垒，构筑数据安全墙。社区是一个由多方主体构成的复杂微系统，数据信息的融合共享，有利于促进社区各主体的协同发展。首先，通过平台融合实现各部门、组织、个体数据实时共享，以社区治理信息化解决复杂问题，提升群众的"数字满意度"。其次，促进跨层级、跨系统、跨部门、跨业务的多跨协同管理和服务，切实打破部门之间的"数据藩篱"，实现系统互通与"平战结合"。最后，需要强化评价监测引导，进一步拓宽数字化社区标准应用范围，在社区多种公共设施建设和服务提供等方面构建省级评价标准，深化指标体系的科学性和实效性，全面系统地掌握各未来社区数字化建设发展情况，为地方决策提供有价值的参考。针对数据安全的问题，建议出台保护个人信息的规定，并对破坏数据安全的相关涉事企业进行严厉惩处；同时，建立并完善数据安全防护体系，强化数据安全隐私保护。此外，还需要开展信息安全宣传活动，提升居民对于个人隐私的重视程度，从源头上保障居民的信息安全。

第七，精准识别居民需求，形成社区组件。建议以需求为导向，对不同生命周期的居民群体进行精准画像，找准需求的共性和差异，从而高效识别、梳理和整合需求，打造精细化、差异化、全面化、动态化的高质量服务体系，满足个体颗粒度需求。一方面，要重视数字公益对社区的重要作用，通过数字化技术打造透明高效的公益数据，建设普惠、共享、可持续的公益生态，推动社区公益服务在共同富裕中发挥第三次分配的作用。另一方面，要精准识别不同类型社区居民的需求，并紧紧围绕这一需求采取差异化的数字化改革策略，以实现不同场景和模块的数字化转型。例如，利用数字技术改造旧改型未来社区，打造综合性"服务清单"，打通数字政府"最后一公里"。对于新建型和整合更新型未来社区，在满足社区基本数字设施的基础上，应该根据社区的功能属性和社区主要人群的重点需求，借助数字技术在基础服务模块上适当增加个性化服务模块，因地制宜构建多跨场景应用，推动社区数字功能组件化，加强其可复制、可推广、可运营性。

第八，塑造特色人文地景，助力社区营造。建议以数字技术助力社区公共文化空间营造，一方面通过为居民提供建言献策的线上渠道，提升居民参与感和归属感，另一方面利用新技术提高空间规划决策的科学性，保证公共空间建设方向和运营效果。深入挖掘不同社区的空间、地理、功能特点，聚焦建筑、文化、产业等不同领域的优势资源，构筑数字特色风貌，让传统文化焕发活力生机，成为融合历史人文、田园特色、产业兴旺的典范。如定期打造社区公共文化周活动，通过线上引流至线下，让社区居民和非社区居民可以更好地交流、学习社区的人文特色，满足居民的文化诉求。同时，鼓励居民为数字化社区营造建言献策，聚民意、集民智、强民生，对于积极参与社区建设与发展的居民予以积分奖励，高品质推动"浙"系列与"邻"系列场景应用有机融合，多方联动打造一个为民服务的智慧化社区空间。此外，建议构建科学合理的数字化建设满意度评价指标体系，细化评价指标并纳入未来社区申报和评优中，对具有示范性的社区给予更多资源要素倾斜，从而不断激发社区改革创新活力。

# 三、杭州文旅大脑，促进人民多层次精神生活富裕

"十四五"规划指出，要推动购物消费、居家生活、旅游休闲、交通出行等各类场景数字化，打造智慧共享、和睦共治的新型数字生活。文旅产业是我国经济发展的支柱性产业和增强社会幸福感的关键性产业。推动文旅产业数字化转型升级，是实现产业高质量发展、共建人民美好生活的关键路径，也是数字中国战略的重要建设内容。2018年起，杭州市开始打造城市大脑文旅系统，以服管融合与政商协同推动文旅产业生态重塑，形成了数字化赋能产业综合增效的改革模式，为数字化改革推动产业发展与城市升级贡献了文旅样本、杭州经验。

## （一）数字赋能文旅产业的路径：基于服务主导逻辑

文旅产业本质上是涉及诸多服务场景、涵盖各类生活性服务的综合性

服务产业。文旅产业的数字化改革是一项跨场景、跨功能、跨主体的系统工程，以数字赋能自下而上识别各类服务场景、激活各类服务需求，以制度重塑自上而下疏通各类服务供给、确保服务全链畅通。这一跨越需要遵从服务主导逻辑，以服务对象（本地居民与外来游客）所感知到的服务体验为核心，以服务主体（政、企、民三大主体）的协同价值共创为抓手，以形成融通创新的服务生态体系为目标，推进数字赋能文旅产业质量、效率、动力的全面变革。具体而言，这一跨越需要完成以下三大转向。

**1. 服务供给上，从产品逻辑转向场景逻辑，推动质量变革**

随着旅游产业迈入大众化、全域化、品质化发展阶段，旅游活动呈现出个性化、高频化、近途化特征，旅游需求逐渐取代单一旅游产品服务，演变成个体日常生活方式的异地化再现，要求旅游供给主体实现从"旅游产品销售"逻辑向"服务场景营销"逻辑转变。文旅产业的数字化改革要准确把握"小切口大场景"改革突破法，利用数字赋能相关企业组织准确识别游客需求，找准服务应用切口，以服务场景创新实现产业质量提升。

**2. 产业治理上，从业务逻辑转向服务管理逻辑，促进效率变革**

以往，城市文旅产业的治理多囿于"主客分治"惯性思维，侧重于对外来游客提供旅游相关服务，以及对相关业务服务主体的管理，容易导致管理决策难以落实到游客末梢。在数字化赋能下，文旅产业相关部门能够通过管理技术和工作流程上的数字化改革，实现对二元主体（市民和游客）的服务管理双向融合，充分发挥游客足迹、市场反馈的价值性（见图5-3）以及资源调度、监管治理的高效性，通过市场和政府的有效结合来填平低效率洼地，改善供需关系、提高供给效率，最终以多方价值共创共同推动治理效率变革，为产业高质量发展提供关键、稳定的支撑。

为更好地提升游客体验，实时动态掌握游客满意度，在全省数字化改革的背景下，由市文广旅游局作为发起单位，联合……

图5-3　杭州旅游满意度评价体系与发布平台

### 3. 组织保障上，从层级逻辑转向生态逻辑，实现动力变革

文旅产业经济运行涉及多部门、多组织，并且各个部门（组织）之间存在业务联系与功能联结。由于"层级隔离"以及"数据藩篱"的存在，在行业发展与政府管理的过程中，各部门（组织）之间往往存在"信息鸿沟"与"数据代沟"，容易陷入"踢球式管理"和"碎片化管理"的困境。以数字化改革为抓手，推动组织制度层面的纵向拓展和多跨协同，以体制机制革新强化企业的创新主体地位，最终以多方共建的服务生态系统推动产业动力变革，全面释放文旅产业高质量发展活力。

### （二）数字赋能文旅产业综合增效的实践路径

#### 1. 落地多跨场景，激活经济效益

谋划大场景、明确小切口；找准小切口、构建大场景。杭州文旅系统按照"小切口、大场景"的思路，以提升人民群众的使用感、获得感为出发点和落脚点，以数字化改革应用场景创新引领数智赋能。聚焦景区入园、

酒店入住、游览转场等一系列与游客排队等候这一痛点问题相关的场景，杭州文旅系统汇聚起政府主导力、市场配置力和企业主体力"三力"，在全国率先提出建设"10秒找空房""20秒景点入园""30秒酒店入住"等应用场景，旨在让游客在逗留时间不变的情况下能够"多游一小时"，切实提升游客体验的同时，实现"增收一百亿"目标，直接或间接地提升文旅产业经济效益。

第一，降本增效。以"30秒入住"场景为例，杭州文旅系统协调自助机厂商、银行、酒店等多方，帮助游客仅需通过"人证对比""订单确认"和"制作房卡"三步操作，即可在自助服务机上快速办理入住、退房，将原本平均耗时10分钟以上的流程节约至30秒。截至2021年末，该应用已在全市663家住宿设施落地应用，平均使用率达67%，累计服务1204万人次。根据实际测算，一台自助机器可节省0.54个人力，约合5万元人力支出，"30秒入住"落地应用每年可节约3315万人力成本。当然，"30秒入住"的降本效益远不止"抵了半个人"。以华住酒店集团为例，依托浙江范例，集团将"30秒入住"在全国推广，实现"人房比"从0.17降低到0.15，每年为集团节省9.6亿元人力成本。

第二，提质增效。以往景区人工检票入园情况下，游客排队购票入园平均耗时5分钟以上，而在文旅系统应用下仅需"20秒"。以往在节假日或早晚高峰时段，游客从交通枢纽抵达景区的时间在1.5小时以上，本来是大好的游览时光，结果"堵在路上"，既影响游客的旅游体验，也造成了市民的出行不便。杭州文旅系统在深入分析游客数据的基础上，与公交集团合作，将游客轨迹数据用于旅游巴士的定制，利用闲置车辆资源，在重要旅游枢纽节点与游客集聚区域开通10条数字旅游专线，积极回应游客散客化、自助化、全域化等需求，极大地提升游览转场效率。研究显示，游客停留时间每提升10%，将带动旅游消费增加5.7%。以2020年杭州游客消费3335亿元为基础进行估算，"多游一小时"全年能够多带来超79亿元的旅游消费。世界旅游组织研究表明，旅游业的经济乘数效应巨大，旅游业直接收入1元，相关行业收入就可增加4.3元。由此可见，"多游一小时"有望带来超过340亿元的经济效益。

第三，扩容增效。杭州文旅系统利用数字优势赋能杭州市文旅宣传工作。首先，通过"两微一抖"自媒体运营，不间断向超过500万粉丝、网友进行杭州文化和旅游行业资讯信息的宣传，提升杭州城市文旅形象。其次，举办"2021文旅市集·杭州奇妙夜"等市民活动，将文化旅游与博物馆、数字经济等有机融合，共同打造城市文化消费的奇妙空间，实现文旅产品销售额突破7000万元。其中，线上直播带货销售6724.6万元，开创性地为甘孜州理塘县特色产品公益直播带货，开启对口支援实现共同富裕的创新实践。最后，积极开展外部数据合作，如与Google合作推出中国丝绸博物馆文化和艺术项目，2020年全年实现博物馆海外线上访问量24619次，增幅达74.6%。文旅数字建设带来的巨大经济乘数效益有待"喷涌"。

## 2. 推进服管融合，强化监管治理

文旅产业的健康发展离不开有效的监管治理与高效的资源调度，以往在数字赋能文旅产业的问题上，多囿于"主客分治"惯性思维，容易导致管理决策难落实到游客末梢。杭州文旅系统以主客共享共治为核心思想，积极借助数字技术优势，建立"服管融合"体制，创新升级管理模式与工作流程，有效将游客服务融入城市治理中，不断优化文旅调度秩序、强化社会治理效能，构建数字化改革推动治理体系现代化在文旅行业的子板块。

**数智创富：数字化改革推进共同富裕**

数字化赋能市场全维动态监测，促进资源全面高效调度。通过整合交通、酒店、景区等涉旅商业数据资源，以及交通、城管、环保等政府部门资源，推动相关部门数据加速向文旅系统各子平台汇聚。对这些数据的比对、分析与运用，对杭州文旅经济的平稳运行起到重要的保障作用："闲"时，精准游客画像，综合分析游客来源、目的地、消费等特征，依托数据底座提升产业可持续发展的能力；"急"时，作为旅游应急协调平台，可以满足多点实时指挥调度需求，实现精准预测、快速反应与高效调度，全面提升产业治理水平。

数字化赋能游客足迹动态监管，实现流量全域高效管控。如今，旅游消费行为发生新变化，"预约、限量、错峰"成为新常态。杭州文旅系统基于数据支撑，精准掌握景区实时客流，实现短时客流预测、客流预警，全面推行景区景点"限量、错峰、分时段预约"，把流量管控关口前移，避免游客的瞬间集聚，实现有效引导、高效疏导的客流管控。一方面，游客可以提前在杭州主流媒体和文旅官方发布上查询景区景点预约情况，自主调整出游安排；另一方面，一旦景区预约量已满将触发短信预警机制，2020年"五一"小长假期间向西溪湿地周边15公里范围内的市民游客推送"约满劝退"短信提示共计100万条，建议游客改日前往，防止游客"跑空"。

数字化赋能行业服务动态评估，以游客反馈为首要标准。文旅系统大数据为文旅行业管理提供了新的数据支撑，成为消费评价的关键工具。杭州文旅系统对包括卫生、位置、服务、价格、设施和价格6个分类的点评文本进行语义分析，整理并统计形成杭州酒店好评率总排名及各单项好评率排名。2020年度杭州十佳饭店评选，改变过去的专家评定、公众投票，而是通过大数据的综合分析与研判，全面提升治理与服务效能。

### 3. 缩小跨界缝隙，建立协同机制

数字化改革需要政府发挥"指挥棒"作用的同时，给企业更多的创新机会与市场空间，实现政企同频共振，共促文旅产业的全面数字化改革。杭州文旅系统以具体问题触发的数据需求为导向，通过大脑中枢机制实现各方数据的"按需供给"和"供需平衡"，建立起依商建数、政企协同机制。以各个文旅场景为切口，根据场景涉及的不同业务需求实现数据的即时获取、即时调度与即时执行，打破部门之间的"数据藩篱"，打破政企之间的"数据代沟"，极大缓解了"踢球式管理""碎片化管理"困境，实现治理与服务的多跨协同。

经过严格数据脱敏后，最大限度开放政府数据资源库，构建部门业务协同模型。最大的数据资源是政府，数字化改革首先政府要改革自身，改服务流程、改服务模式、改服务理念，拆除一切阻碍便民惠企的羁绊。数字化改革要全面疏通党政机关核心业务，从治理与服务两个维度，形成明确的业务事项清单并且根据业务需求明确数据共享方式，将业务流程再造集成为"一件事"。杭州文旅系统以交通运行、停车泊位、酒店入住等涉旅数据为资源，与公安、交通、城管、环保等部门实现系统互通、中枢联通和数据流通，构建起纵向交流、横向沟通的旅游数据网络，截至 2021 年12 月已汇集数据源 30 多家，各类数据超过 350 种，数据总量达 50T，开放数据接口 2000 多个。以酒店开办场景为例，通过实现住建、工商、消防、公安、税务、城管等部门的数据、业务协同，为酒店提供项目资质评估等线上咨询服务，以及证照材料准备等平台申请服务，对酒店开办的每一个步骤进行清晰化、在线化和及时反馈的流程再设计，以数字协同推动流程再造，真正实现"让酒店早 30 天开业"。

　　加强数据资源共享，构建政企跨界协同模型。缩小政府与企业之间的跨界缝隙，突破数据壁垒，才能更好地实现政府有形之手和市场无形之手的双向良性互动。杭州文旅系统从游客和市民的需求痛点出发，积极探索跨组织数据交换与应用产品。以"扫码亮码"场景为例，据调查，外来游客在杭旅游一天中至少有 15 次不同 APP 的"找码""亮码"行为。瞄准这一痛点，文旅系统以迎接第十九届杭州亚运会为契机，联合亚组委、支付宝等单位推出"文旅一码通（CITYPASS）"，将新冠疫情期间的健康码、行程卡（码）、入园码、乘车码等多码合一，为游客和市民提供交通出行、票务预订、场馆入园等不同场景聚合的"一码畅游"便捷服务。并将继续整合住宿、会务、政务等应用场景，不断丰富完善"文旅一码通"功能服务，在"办好一个会（亚运会）"的基础上进一步"提升一座城"，着力实现以文旅行业数字化转型助推城市整体数字化转型。

　　推动数据应用创新，构建产业数智赋能模型。杭州文旅大脑不断推进与商业数据的跨界整合，建立健全数据资源体系，通过商业数据的即时获取和政务数据的共享交换叠加城市大脑的算力支撑。杭州文旅系统推出 77 个景点和 1322 家酒店的总经理数字驾驶舱，把部分监测数据、预测数据按照开放权限共享给酒店、旅行社等涉旅企业，助力企业的市场预测与风险应对。同时，杭州文旅系统积极推动文旅产业的商业模式创新，在全国首创"杭州数字经济旅游十景"遴选，整合包装阿里巴巴、海康威视、云栖小镇、杭州城市大脑公司、萧山信息港小镇、图灵小镇、阿里云 supET、大创小镇、大华智联、萧山机器人小镇、华数集团等新经济重点企业和产业园成为"数字经济旅游十景"。此外，杭州文旅系统不断赋能企业的经营管理提质提效，比如推出惠企项目——杭州民宿营销推广系统（DMS），帮助民宿商家搭建直营销售渠道，建立自有用户流量池，缓解民宿主的 OTA（在线旅游代理商）等平台佣金成本。2020 年全年共有 404 家民宿入驻 DMS，实现交易额突破 500 万元。

## （三）数字赋能文旅产业，以高品质数字生活推动共同富裕的启示

数字赋能文旅产业是提升数字生活水平与群众获得感的重要实践路径，杭州城市大脑文旅系统以数字化赋能旅游产业综合增效的典型做法，为打造高品质数字生活、推动共同富裕提供了以下经验启示：

第一，场景聚合，"体验闭环化"促进整体提升。多跨场景应用是数字化改革牵一发动全身的重要抓手，要以"管理实用、百姓满意"为目标，持续推动各个场景模块的无缝连接，完善场景应用、拓宽场景外延、做深场景内涵。数字化改革首先要以政府数字化转型带动企业数字化转型，通过要素集成、业务重塑、流程再造、场景重构、任务协同、制度重塑等方式，深化"一件事""一站式"全流程流畅服务生态体系建设，实现业务闭环化的高效服务，为产业数字化转型提供完善的服务与保障。以产业数字化和政务数字化为茎干，精准识别文旅场景的小切口，在用户端形成更多"触点"；然后汇点成"线"，不断缩小各个切口之间的边界，提升游客文旅体验的流畅度与便捷度；最后汇聚成"面"，基于"泛文旅""全域化""一体化"思维，打通各个场景线，让数字化改革的福利充分渗透到社会生活、各行各业的方方面面，全面提高游客市民的满意度，全面推动人民群众的消费理念、生活方式乃至城市社会风尚的数字化转型。城市的数字化转型则继续推动政府的数字化改革，通过这种良性循环，让数字化改革带动生产方式、生活方式和治理方式进行全方位、系统性重塑，从而加速打造数字文

旅的落点场景、丰富数字文旅的智能应用，联通政府部门、经营主体、市民游客，共同实现数字场景的叠加、迭代、联通，形成完整的城市数字生活体验闭环。

第二，服管融通，"游客市民化"赋能城市治理。当前，数字化改革存在"自娱自乐"现象，游客与市民的获得感不强。对数字化改革再认识、再深化、再提升，重新定义治理数字化的应用对象，是新时代背景下旅游城市治理的重要课题。要全面将游客服务与治理融入市民服务体系中，让游客自发主动地参与城市生产和生活，实现主客整体智治。推动文旅活动惠民化，提升社会效益。游客的"急难愁盼"不仅仅体现在旅游活动中，而是渗透到城市社会生活方方面面。要进一步识别游客需求，不断做优数字文旅的服务场景，让游客在享受旅游服务的同时，也与市民同享"一键就医"等数字生活服务、"共享课堂"等公共文化服务，才能让数字化更好地赋能文旅产业和城市治理，充分发挥惠民效益，真正提高群众的获得感和幸福感。发挥游客参与主体性，促进价值共创。数字化改革赋能形成主客邻里化、全域社区化的城市旅游治理格局。一方面，将游客点评数据应用到文旅产业质量评估的诸多方面，如"品质文旅消费示范点"评比验收等，营造重视游客体验的产业氛围，倒逼行业服务品质升级。另一方面，充分发挥游客作为城市公共设施的重要使用主体的作用，建立公共服务设施游客反馈机制，并辅以消费促进政策机制调动游客的参与积极性，如社区文化体验券、文旅活动优惠券等。消费促进政策机制可以结合已有旅游惠民项目，如城市日历（展览等文旅活动）、"百县千碗"、放心消费示范点等。

第三，多跨协同，"组织自变革"全链融通创新。以往，在信息化推进过程中存在严重的重复建设现象，各自为政、自建自用、自营自管等"烟囵" 问题突出。数字化改革是一场重塑性的制度革命，如何最终实现制度重塑是关键问题。在文旅系统建设中，要充分利用城市大脑底座，来持续推进自上而下与自下而上的双向互动，加强与其他数字系统的联通互动，做到"应通尽通"，全面释放数据要素价值，全方位赋能文旅产业，共同形成融通创新的生态体系。推动政府、市场、个体数据的融合应用，通过体制机制创新破解传统治理与服务过程中的痛点难点问题；以"三张清单"为抓手，坚持以人为本，在准确识别人民群众的文旅服务需求的基础上谋划多跨场景，再从场景应用构建中找到改革突破口，厘清城市文旅产业发展的堵点痛点难点问题，以数字化改革激活生产要素、优化生产关系、重塑制度体系、转化治理效能，推动数字化转型走深走实。

## 四、鸬鸟数智乡村，打造全域景区村庄运营新模式

作为"绿水青山就是金山银山"代表性产业，乡村文旅产业有助于改善乡村地区"以农为主"的单一化产业结构，辐射带动乡村地区经济、社会、生态、文明的全面提升，是释放乡村发展活力的关键力量和实现乡村振兴事业的重要抓手。作为美丽乡村建设"示范生"，浙江省以绿水青山就是金山银山理念为根本遵循，对照建设全域美丽大花园的要求，深入实施乡村振兴战略，实施"万村景区化"等系列工程，绘就了新时代美丽乡村的"富春山居图"。

如今，浙江全域旅游已迈入"村"时代，美丽景区村庄在浙江遍地开花，呈现出乡村环境卫生整洁、村容村貌亮丽、村庄秩序井然、村民安居

乐业的美丽景象。但与此同时，也存在一些问题亟待解决。首先，随着全域旅游的发展，乡村旅游的运营与下沉管理面临挑战，细节监管难度加大。虽然智慧旅游在乡村地区已有推广和应用，但多处于硬件投入程度大于智慧应用程度的初级阶段，未能实现数据赋能管理，难以发挥创新示范效应。同时，由于乡村地区"区域大、分布散"的特性，景区村庄面临着政策难以落实到末梢、管理难以精确到个人、动态管理难以实现等现实困境。此外，随着进一步的全域开发，乡村地区在资源整合、产业规划、生态保护、应急处理等方面也将迎来更多挑战。如何通过科学有效的运营管理，实现生态环境与经济效益"美美与共"，是当前浙江省高质量创建乡村振兴示范省、建设共同富裕示范区的关键问题。

鸬鸟镇位于杭州市余杭区西北部，是全区唯一没有工业园区的生态旅游型乡镇。为打造"绿色发展引领地，共同富裕样板镇"，鸬鸟镇全力推进数字化建设与景区村庄运营标准化的融合与叠加，积极探索全域景区一体化运营新模式。2020年，鸬鸟镇实现全域景区村庄全覆盖。在此基础上，鸬鸟镇积极创新发展模式，与全域景区村庄经合社联合成立旅游公司，以乡镇为单位，对全域景区村庄进行统一运营管理，并构建景区村庄标准化运营体系、乡村美丽经济发展指数评价体系，为"景区村庄如何运营管理"和"美丽经济如何评价衡量"这两大关键问题打造"鸬鸟样本"。同时，鸬鸟镇创新探索数字乡村建设模式，打造了由数智乡村、数智治理、数智旅游三大板块共同构成的"数智鸬鸟乡村治理平台"，推动数字化改革在乡镇地区的落地，为数字乡村建设提供"鸬鸟经验"。

## （一）构建标准化运营体系，实现全域经营规范化

鸬鸟镇在美丽乡村建设的基础上，把发展美丽经济作为景区村庄运营管理的重要抓手，按照"景村联治"的思路，积极开展村庄各项工作。景区村庄与一般景区具有一定的共同之处，但是由于乡村在行政区域、地理尺度等方面的特殊性，景区村庄的运营管理工作比一般景区要复杂得多。景区村庄具有游客游览接待服务、当地村民生产生活以及行政村委管理空间上高度重叠的特性。景区村庄建设既是一个招徕游客的旅游项目，也是一项造福村民的民生工程。鸬鸟镇通过党建引领、党员带头示范，以山沟沟村为局部示范点，按照旅游全域化、景区一体化的思路，把景区运营与村庄治理结合起来，将乡村资源与旅游产品对接起来，实现对全域景区村庄的有效协同管理，努力实现"绿水青山"向"金山银山"转变。2020 年，鸬鸟镇人民政府搭台引进余杭旅游集团，与镇内 6 个景区村庄经合社联合成立合资公司——杭州鸬鸟乡村产业运营有限公司，统筹主导全域景区村庄的运营管理，通过完善管理制度、规范管理秩序、落实管理工作等方式，更好地服务本地村民与外来游客。

基于近年来的景区村庄建设与管理实践，鸬鸟镇以实操性、模块化、系统性为原则，与浙江大学联合编制了《鸬鸟镇全域景区村庄运营标准化手册》，指导全域 6 个景区村庄的组织结构、工作制度、日常管理、文旅运营及成效评估等。该标准规范的制定与实施将有利于整体提升鸬鸟镇全域景区村庄运营管理水平，对全域旅游业可持续发展、高效率管理、科学化评估等环节具有重要的指导作用。同时，为有效评估景区村庄的运营管理与可持续发展成效，鸬鸟镇还与浙江大学联合建立了"乡村美丽经济指数"

评估体系，从生态环境、产业环境、体验环境、运营环境、人才环境、文化环境等6个维度来衡量"绿水青山就是金山银山"理念的转化情况，具体包括乡境·生态美好度、乡业·产业美满度、乡感·体验美妙度、乡营·运营美誉度、乡智·人才美梦度、乡魂·文化美感度六大维度50余项测量指标。

鸬鸟镇构建景区村庄运营管理的标准化体系，以全域经营规范化全面提升美丽乡村建设水平，深入实施乡村振兴战略，逐渐呈现集生态风景、乡村原景、产业实景、文化情景、人才美景于一体的美丽乡村气象，为新时代美丽乡村建设、乡村产业发展探索新的发展路径。

### （二）推进数字化落地赋能，实现全域治理"智慧化"

在乡村旅游全域化的大背景下，引入数字化管理手段、搭建数字化治理平台，有助于破除乡村文旅经营混乱、监管困难等障碍，建立全域无死角、数据无壁垒、沟通无延迟的"智慧化"乡村全域治理体系，是乡村地区攻克痛点难点、抓住发展机遇、实现高质量发展的关键路径。

对此，鸬鸟镇积极响应数字化改革呼声，瞄准乡村数字化转型需求，立足自身生态旅游型乡镇的特点，充分利用数字化技术实现高效管理、提供优质服务、促进产业发展，深入践行"两山"理念，将智慧大脑植入绿水青山，助推打造金山银山。2019年，鸬鸟镇开始打造"数智鸬鸟乡村治理平台"，包括数智乡村、数智治理、数智旅游三大模块，覆盖乡村治理、景区管理、生态旅游、森林消防、防汛抢险等诸多应用场景，为政府、企业、游客、居民提供全方位的闭环服务。

#### 1.三大平台模块

（1）数智乡村模块："一屏数尽鸬鸟"。数智乡村模块由数智乡村一张图平台和数智乡村数据管理及分析平台组成，主要面向的对象是鸬鸟镇全域治理的参与者，实现"一屏数尽鸬鸟"。在数智乡村一张图中，鸬鸟辖区内的人、房、企、事、物等管理要素全部以数字化的形式在同一大屏上集中呈现。截至2021年12月，鸬鸟的5089条赋码地址、12566条人员信息、1260条党员信息、3460条经营主体信息、19023条事件信息、1250条垃圾分类数据、2120条公共场所数据等关键内容都已经收集梳理完毕，共同形成全镇数据基座。同时，鸬鸟还在全域范围内布设物联感知设备，从而实现了对村庄溪流、森林等生态环境变化的实时感知和监测。数据管理及分析平台则是在数智乡村一张图的基础上，对乡村全域数据动态采集、整合上报和深度分析，辅助领导进行管理决策，实现发现问题智能化、处理过程自动化、事件管理全流程的"智慧管理"。

（2）数智治理模块："一站数治鸬鸟"。数智治理模块是鸬鸟借助数字化手段打造的基层治理平台，旨在从基层治理和乡村服务两方面齐入手来解决乡村治理碎片化难题，实现"一站数治鸬鸟"。为加强基层治理，鸬鸟在镇内的重要点位配备了5套人车感知设备、173个安防设备、5个森林高空瞭望全景探头、31个上山入口监控、15个水位监测装置等智能"触角"，保证数据的自动感知和实时更新。同时，鸬鸟还整合5089条赋码地址，构成全镇统一地址库，并通过与VR实景的深度融合，实现"人过留影、车过留牌、机过留号、物过留痕"的超强感知，变"周期采集数据"为"实时更新数据"，打造强大且直观的智能搜索引擎——通过此搜索引擎，鸬鸟辖区范围内任一建筑或区域的基本介绍、商事登记、实时图像等信息都可以快速被调出，方便管理者快速了解基层实况。此外，鸬鸟推出了"乡村码"，镇内居民和游客使用手机扫一扫即可注册认证，并申请"码上入园""码上租房""一键救援""一键矛调"等服务。这样一来,无论是日常监管工作,还是应急救援工作,都能够做到"实时响应、快速抵达、高效处理"。

结合自动感知数据,"数智鸬鸟"为鸬鸟镇提供治安巡逻、垃圾分类、出租管理、防违控违等常态化基础服务,并重点为镇域提供交通秩序协调、游客矛盾纠纷处置服务,通过人流车流追踪警源信息上报后台交办等途径第一时间组织点位巡逻力量、各类"红管家"服务员就近出动,做到"10秒精准锁定现场、10分钟处理力量抵达"。针对森林防火、溪流防洪和紧急救援情况,"数智鸬鸟"系统可第一时间预警,智能生成救援路径。据统计,投入应用以来,2020年全年,"数智鸬鸟"累计制止野外用火100余起,消除火灾隐患6起,梅汛期河道水位实时监测发布橙色预警3次、黄色预警7次,有效避免山区洪涝灾害。

(3)数智旅游模块:"一机游遍鸬鸟"。作为一个生态旅游型乡镇,旅游业是鸬鸟镇的支柱产业,也是鸬鸟镇居民的致富产业。为帮助村民将门前的"绿水青山"变成屋里的"金山银山","数智旅游"模块汇集全域旅游数据,实现全域景区旅游产业情况、景区村庄运营、游客图谱等数据的集中采集、分析、处理与协同应用。数智旅游模块由"构建一张管理网""运营一个小程序""搭建一个大后台"三大功能板块组成。构建一张管理网——鸬鸟境内包括旅游景点、民宿、农家乐、公共服务、农产品销售等在内的全域旅游数据和运营收入、游客特征等各项重要指标,以及来自公安、交通、工商、卫生、市场监管等部门的行业数据,都被集中采集并汇总在这张"管理网"上,进行统一呈现,为鸬鸟旅游的运营管理提供辅助。开发一个小程序——面向游客,鸬鸟推出了"遇见鸬鸟"小程序,打造覆盖旅游信息获取、旅游计划决策、旅游产品支付、旅游体验过程、旅游反馈评价等各个旅游阶段的智能化服务平台，为游客创造一站式、全流程、个性化、高质量的旅游体验，实现"一机游遍鸬鸟"。搭建一个大后台——基于来自"管理网"和"小程序"上的游客轨迹数据、商家经营数据等信息，鸬鸟搭建起景区运营的"大后台"，不断优化管理体系、丰满游客画像，提高营销服务的精准性、应急反应的及时性和管理决策的科学性。

### 2. 七大应用系统

根据数智乡村、数智治理、数智旅游三大模块的规划，鸬鸟镇共开发了七大应用系统：智慧停车系统、智慧票务系统、信息发布系统、数智乡村一张图、乡村数据管理分析系统、遇见鸬鸟小程序、数智鸬鸟大屏系统（见图5-4）。

| 智慧停车系统 | 识别车牌 | | 出入记录 | | 客流管理 | | 停车缴费 | |
|---|---|---|---|---|---|---|---|---|
| 智慧票务系统 | 线上线下售票 | | 渠道票务分销 | | 智能检票 | | 数据统计 | |
| 信息发布系统 | 宣传信息 | | 实时资讯 | | 决策信息 | | 管理信息 | |
| | 景点 | 酒店 | 交通 | 天气 | 企业经营情况 | 企业经营人员 | 游客流量 | 拥挤程度 |
| | 购物 | 餐饮 | 排队 | … | 游客评价 | … | 灾情险情 | |
| 数智乡村一张图 | 乡村经营情况 | | 乡村经济发展情况 | | 乡村环境变化 | | 乡村服务分析 | 乡村治理信息 |
| 乡村数据管理分析系统 | 数据动态采集 | | 数据统一上报 | | | | 数据智能分析 | |
| | 游客 | | 商户 | | | | 管理者 | |
| 遇见鸬鸟小程序 | 慧玩 | 慧吃 | 慧住、慧行 | | 营销推广 | 确认订单 | 数据沉淀 | 游客、商户画像 |
| | 慧购 | … | | | 发布信息 | | 精准营销 | |
| | 乡村大屏系统 | | | 旅游大屏系统 | | | 美丽经济分析系统 | |
| | 乡村经营情况 | 民生事件 | 景点 | | 停车 | | 经济指标 | 旅游指标 |
| 数智鸬鸟大屏系统 | 环境信息 | 公共场所 | 游客中心 | | 商户 | | 生态指标 | … |
| | 村民信息 | 经济指标 | 客流情况 | | 景区收入 | | | |
| | | | 景区员工 | | … | | | |

图5-4 数智鸬鸟七大应用系统

智慧停车系统可在停车场出口自动识别车牌号码并查找该车牌的入场记录与之匹配，同时支持多种形式的缴费方式，既方便展开停车管理工作，也大幅缩短了停车出场时间，减缓停车场拥堵问题。

智慧票务系统对鸬鸟的景区门票进行统一管理，形成了一套完整的智慧景区售检票解决方案，既支持由线下窗口售票、线上微信售票、微信小程序售票、自助终端机售票、移动手持机售票构成的票务直销业务，同时也面向OTA渠道（在线旅游代理商）、旅行社、大客户进行票务分销。所有销售的门票均可通过智能物联的入园闸机进行通行核销，有效解决了"排队长、入园慢"的问题，售检票数据还可用以支持景区的日常业务分析优化。

信息发布系统集合了景区广告屏、微信公众服务号等发布渠道，发布鸬鸟旅游相关的景点信息、酒店信息、旅行社信息、餐饮信息、交通线路信息、购物信息等。同时，还可以向游客提供交通信息、天气信息、景区排队信息等实时资讯，游客流量、拥挤程度、灾情险情等应急信息，以及景区内企业经营人员介绍、游客评价等诚信信息。

数智乡村一张图用于鸬鸟乡村全域数据的汇总和可视化呈现，包括乡村各种经营主体分布和经营状况、乡镇经济发展情况、乡村环境变化情况等。乡村数据管理分析系统可实现乡村数据的智能采集、智能管理和智能分析，用于辅助村委和领导进行管理决策。遇见鸬鸟小程序涵盖玩、吃、住、行、购五大旅游场景，服务功能贯穿游前、游中、游后全过程。面向游客端，提供旅游产品的介绍和预订服务，并在下单后集成在游客专属的畅游码中；面向商户端，提供商品发布、订单管理、核销、营销推广等服务；面向管理端，小程序后台所沉淀的信息数据，可用于建立游客、商户画像，为精准营销和运维管理提供数据支持。

数智鸬鸟大屏系统接入了余杭区统一地址库接口数据、常住人口信息接口数据、暂住人口信息接口数据、企业基本信息接口数据，以及鸬鸟镇根据实际情况详细梳理的指标数据，并分别通过以下三张大屏系统呈现：一是乡村大屏系统：呈现鸬鸟镇全镇的乡村信息，包含乡村基本信息，乡村经营情况，与民生相关的事件和环境信息，村镇经营主体信息，党员、退伍军人、美丽庭院文明家庭等村民信息，以及宗教场所、卫生服务中心、居家养老中心等公共场所信息。二是旅游大屏系统：数智鸬鸟大屏结合外端接口数据和鸬鸟镇当地的详细分类数据，将鸬鸟镇景点、酒店、公厕、停车场、餐饮、游客接待中心、招商引资的点位信息和弹窗数据以及其他与公共服务相关的信息展示在旅游大屏内，并通过倾斜摄影地图，三维化直观展现相关区域全貌。同时，包括客流情况、景区收入、村庄运营情况、景区工作人员情况等在内的全域实时信息也一并通过这个旅游大屏系统进行展现。三是美丽经济指数系统：从生态环境、产业环境、体验环境、运营环境、人才环境、文化环境等6个维度，对相关指标进行提炼、计算和呈现，为鸬鸟镇提供美丽乡村建设的"晴雨表"。

## （三）鸬鸟数字化转型对旅游致富促共富的启示

结合景区村庄标准化运营体系，"数智鸬鸟乡村治理平台"能够在大数据基础上，更加有序地为数据呈现、智能分析、智慧应用提供标准化流程及运行空间。通过实现旅游管理和旅游体验全流程的智能运营，鸬鸟镇走出一条数字化以点串线成面、农文旅融通创新发展的路子，助推全域"美丽风景"变身"美丽经济"。鸬鸟镇在数字赋能全域治理、乡村旅游、民生养老、农业生产等场景下的创新应用，为旅游致富促共富提供了以下经验。

第一，在民生养老方面，鸬鸟镇高度关注老年群体需求，搭建"一鸬守护"数智养老云平台，为全镇3000余位老人提供健康筛查、居家监护等康养服务，并根据常规体检和慢病深度筛查，建立"一人一档"健康档案，结合床垫等智能设备数据进行老年人群画像并建立活跃度等指标体系，以此为依据进行早期健康干预，包含膳食指导、运动监测、安全监护等。在此基础上，针对老年人群体打造"家庭床位"试点，创新"社区＋服务机构＋监护人"模式；由镇纪委对项目进展进行全过程监督，发挥党群联动责任共同体在破解居家养老难题中的积极作用。同时，鸬鸟镇还推出"养老订餐服务"小程序，为老年人及其家属提供在线预约、送餐上门服务，并根据老年人健康指标推荐大众套餐、"三高"套餐或慢性病套餐，每日用餐人数可达350人次。接下来，鸬鸟镇将继续探索山区智慧养老服务新模式，构建涵盖"六个一"的智邻康养照护体系，争创省级五星级示范居家养老服务中心，积极打造全省农村幸福养老标杆镇。

第二，在农业生产方面，鸬鸟镇聚焦蜜梨农业生产，通过园区物联设备监测土壤墒情、植株生理和局部小气候等，建立病虫灾害预警模型，实现蜜梨园区的无人化值守。同时根据市场需求测算蜜梨生长轨迹并设计远程管控模式，及时调整蜜梨生长环境和成熟速度，降低人力成本，提高生产效率，提升"天堂鸟"蜜梨市场价值。

乡村不只是一个地理符号，更是一个生产生活空间。在全面建设社会主义现代化国家、实现共同富裕的大背景下，鸬鸟镇将以百姓的获得感与幸福感为出发点，继续推动数智鸬鸟在未来教育、未来健康、未来交通等涵盖生产生活各方面场景下的创新应用，不断推进数字化改革在乡村末梢的延伸，积极探索未来乡村的鸬鸟模式。

# 第六章

# 展　望

　　《"十四五"国家信息化规划》指出，"'十四五'时期，信息化进入加快数字化发展、建设数字中国的新阶段。加快数字化发展、建设数字中国，是顺应新发展阶段形势变化、抢抓信息革命机遇、构筑国家竞争新优势、加快建成社会主义现代化强国的内在要求，是贯彻新发展理念、推动高质量发展的战略举措，是推动构建新发展格局、建设现代化经济体系的必由之路，是培育新发展动能，激发新发展活力，弥合数字鸿沟，加快推进国家治理体系和治理能力现代化，促进人的全面发展和社会全面进步的必然选择"。

　　浙江高质量发展建设共同富裕示范区，是党中央的重大战略决策，是浙江作为"重要窗口"的责任担当和光荣使命。浙江探索高质量发展建设共同富裕示范区，要深入学习贯彻习近平总书记关于抓好浙江共同富裕示范区建设的重要指示精神，全面落实《中共中央　国务院关于支持浙江高质量发展建设共同富裕示范区的意见》，坚持国家所需、浙江所能、群众所盼、未来所向，以数字化改革撬动共同富裕，全面深化发展，有效破除制约高质量发展和高品质生活的体制机制障碍，形成先富带后富、推动共同富裕的目标体系、工作体系、政策体系、评价体系。

数字化改革是浙江深入贯彻落实习近平总书记关于全面深化改革和数字中国建设决策部署的自觉行动和总抓手，是"最多跑一次"改革和政府数字化转型基础上的迭代深化，是迈向现代化的关键路径、主动塑造变革的新载体、系统化闭环管理的核心工具，是落实共同富裕示范区建设任务的重要方式，是打造全球数字化变革高地的金名片。展望未来，必须统筹推进数字化改革和共同富裕，重塑政府、社会、企业和个人关系，以数字赋能推动政策集成化、精准化，探索构建有利于共同富裕的新规则、新政策、新机制，完整准确全面贯彻新发展理念，进一步做好以下几个方面工作：

第一，完善数字基础设施。构建扎实推动共同富裕的坚实基础，提升数字包容性。数字基础设施短缺将造成以接入可及性差异为主要表现形式的数字鸿沟，要加快建设以5G、物联网、大数据、人工智能、卫星互联网等为代表的新一代信息技术演化生成的新型基础设施，打造涵盖顶层设计、技术嵌入、流程管理、场景应用等在内的全景式数字生态系统，为推动经济社会高质量发展提供关键支撑，培育经济高质量发展新动能，创造精准高效、普惠包容的数字生活新图景，助力政府高效能治理。

第二，培养和提升公民数字素养。数字化应用技能和本领在今天比过去任何时候都重要，要与时俱进加快构建数字中国情境下的数字素养教育体系，加强数字技能普及培训，提升全民数字技能，积极营造数字文化氛围。提高全民数字素养和技能，首先要夯实数字经济健康发展的社会基础，造就数以亿计适应数字经济发展、具备数字化知识结构和数字化动手能力的人才；其次，提升数字政府效能，推动政府决策科学化、社会治理精准化、公共服务高效化，把数字政府建设的成效转化为治理效能；最后，尤其要提高老年人、残障人士等群体运用数字技术的能力，让特殊群体更好地适应数字社会新形态，构筑美好数字生活新图景。

第三，激发数据要素驱动经济社会发展新动能。充分挖掘数据要素价值，提升数据要素赋能作用，以创新驱动、高质量供给引领和创造新需求。以互联网、物联网、云计算等新一代信息技术的应用和融合为基础，在严格确保数据安全的前提下，加速推进数据资产的开放与共享，激发数据生产要素对经济社会的放大、叠加、倍增作用。"构建以数据为关键要素的数字经济"，"发挥数据的基础资源作用和创新引擎作用"①，推动数据质量提升，"政产学研用"各方数据治理协同，加大数据应用深度开发，加强数据全生命周期安全管理，提升数据要素的使用、交易效率和安全合规利用，充分发挥数据作为新生产要素的关键作用。

第四，构建普惠的数字化美好民生保障体系。着力推动民生保障体系数字化转型，形成便捷的数字民生保障体系，提升民生福祉，改善人民生活，让广大人民群众共享数字化发展成果。"要运用大数据促进保障和改善民生"②，推动云计算、物联网、大数据、5G等信息技术与教育、医疗、就业等民生领域深入融合发展，让百姓少跑腿、数据多跑路，充分发挥大数据的预测、存储、分析功能，为人民群众提供与美好生活需要相匹配的公平、实惠、多元的网络产品和网络信息服务，提升民生保障的便捷化、均

---

① 审时度势精心谋划超前布局力争主动　实施国家大数据战略加快建设数字中国.人民日报，2017-12-10（1）.
② 审时度势精心谋划超前布局力争主动　实施国家大数据战略加快建设数字中国.人民日报，2017-12-10（1）.

等化、普惠化、精细化水平，持续提升人民群众的满足感与幸福感。

雄关漫道真如铁，而今迈步从头越。数字化改革推进共同富裕的浙江探索，展现了浙江忠实践行"八八战略"和"努力成为新时代全面展示中国特色社会主义制度优越性的重要窗口"新目标新定位的生动实践，是落实党中央、国务院赋予浙江高质量发展建设共同富裕示范区光荣使命的重要现实路径与战略谋划。共同富裕是统筹中华民族伟大复兴战略全局和世界百年未有之大变局的新的伟大征程，浙江要走好探索开路，立杆树旗的每一步，在不断增强民众的获得感、幸福感、安全感，实现人的全面发展的社会主义康庄大道上奋勇向前。

# 参考文献

[1]《求是》杂志编辑部. 新发展阶段促进共同富裕的战略擘画. 求是, 2021（20）.

[2] 深化"多规合一"改革 推动省域国土空间治理现代化. 浙江日报, 2020-04-29（1）.

[3] 向全国各族人民致以美好的新春祝福 祝各族人民幸福吉祥 祝伟大祖国繁荣富强. 人民日报, 2021-02-06（1）.

[4] 半月谈网. 浙江德清县：以数字化改革推动县域空间治理现代化.（2021-07-23）[2023-12-28].http://www.banyuetan.org/dfgc/detail/20210723/1000200033136151627022135947729222_1.html.

[5] 包蕾萍. 数字社会建设：挑战、机遇与理论创新.（2021-12-27）[2023-12-28]. https://m.gmw.cn/baijia/2021-12/27/35408976.html.

[6] 保持生态文明建设战略定力努力建设人与自然和谐共生的现代化. 人民日报, 2021-05-02（1）.

[7] 鲍静, 范梓腾, 贾开. 数字政府治理形态研究：概念辨析与层次框架. 电子政务, 2020（11）.

[8] 北京大学课题组. 平台驱动的数字政府：能力、转型与现代化. 电子政务, 2020（7）.

[9] 本刊首席时政观察员. 用数据说话、用数据决策、用数据管理、用

数据创新 加快数字化转型打造智能化政府. 领导决策信息，2019（4）.

[10] 蔡礼强. 政府向社会组织购买公共服务的需求表达——基于三方主体的分析框架. 政治学研究，2018（1）.

[11] 曾铮. 市场有效 政府有为 扎实推进共同富裕. 光明日报，2021-08-24（11）.

[12] 查玮，胡胜蓉. 山区"浙"样发展数字经济——以浙江山区 26 县为例. 信息化建设，2021（9）.

[13] 柴燕菲，赵晔娇，王逸飞. 浙江省委书记袁家军接受中新社专访：共同富裕要让人民真实可感.（2022-03-09）[2023-12-28]. https://www.zjwx.gov.cn/art/2022/3/11/art_1229498525_58870632.html.

[14] 陈国青，曾大军，卫强，等. 大数据环境下的决策范式转变与使能创新. 管理世界，2020（2）.

[15] 陈国青，任明，卫强，等. 数智赋能：信息系统研究的新跃迁. 管理世界，2022（1）.

[16] 陈国青，吴刚，顾远东，等. 管理决策情境下大数据驱动的研究和应用挑战——范式转变与研究方向. 管理科学学报，2018（7）.

[17] 陈乐一. 推动有效市场和有为政府更好结合. 人民日报，2021-08-04（9）.

[18] 陈晓红，徐选华，周志方，等. 数字技术驱动的智慧社会治理机制与实践探索. 复杂科学管理，2020（1）.

[19] 陈云贤. 中国特色社会主义市场经济：有为政府＋有效市场. 经济研究，2019（1）.

[20] 大数据战略重点实验室. 大数据蓝皮书：中国大数据发展报告

No.2. 北京：社会科学文献出版社，2018.

[21] 代贤萍. 论共享的理论意蕴与时代价值. 湖北社会科学, 2016（7）.

[22] 戴双兴. 数据要素市场为经济发展注入新动能. 光明日报, 2020-05-12（16）.

[23] 翟云，蒋敏娟，王伟玲. 中国数字化转型的理论阐释与运行机制. 电子政务, 2021（6）.

[24] 范如国. 复杂网络结构范型下的社会治理协同创新. 中国社会科学, 2014（4）.

[25] 范如国. 平台技术赋能、公共博弈与复杂适应性治理. 中国社会科学, 2021（12）.

[26] 高标准创建人民满意的数字政府. 浙江日报, 2018-12-14（1）.

[27] 高翔. 建立适应数字时代的政府治理新形态. 探索与争鸣, 2021（4）.

[28] 高妍蕊. 聚焦高质量发展，扎实推动共同富裕. 中国发展观察, 2021（Z3）.

[29] 龚维斌. 加快数字社会建设步伐. 人民日报, 2021-10-22（9）.

[30] 观察者网. 为什么选取浙江省作为共同富裕示范区？（2021-06-10）[2023-12-28]. https://m.thepaper.cn/newsDetail_forward_13083340.

[31] 国家发展改革委. "十四五"推进国家政务信息化规划.（2021-12-24）[2023-12-28]. https://m.thepaper.cn/baijiahao_16231478.

[32] 国家发展改革委政研室. 国家发展改革委新闻发布会 介绍支持浙江省高质量发展建设共同富裕示范区推进情况.（2022-02-16）[2023-12-28]. https://www.ndrc.gov.cn/xwdt/wszb/fbhzj/?state=123.

[33] 国家发展和改革委员会. 大力推动我国数字经济健康发展. 求是，2022（2）.

[34] 国家互联网信息办公室. 数字中国发展报告（2020）.（2021-07-03）[2023-12-28]. https://www.gov.cn/xinwen/2021-07/03/content_5622668.htm.

[35] 国务院. 国务院关于印发"十四五"数字经济发展规划的通知（国发〔2021〕29号）.（2022-01-12）[2023-12-28]. https://www.gov.cn/gongbao/content/2022/content_5671108.htm?eqid=aaec7d8b000134ba000000056458aaf3.

[36] 韩兆柱，单婷婷. 网络化治理、整体性治理和数字治理理论的比较研究. 学习论坛，2015（7）.

[37] 韩兆柱，马文娟. 数字治理理论及其应用的探索. 公共管理评论，2016（1）.

[38] 何圣东，杨大鹏. 数字政府建设的内涵及路径——基于浙江"最多跑一次"改革的经验分析. 浙江学刊，2018（5）.

[39] 何植民，蔡静. 以政府治理现代化推进共同富裕稳步实现. 中国社会科学报，2021-12-22（8）.

[40] 洪群联，周鑫. 新一轮科技革命和产业变革下服务业发展的趋势与对策. 宏观经济管理，2018（4）.

[41] 洪银兴，刘伟，高培勇，等. "习近平新时代中国特色社会主义经济思想"笔谈. 中国社会科学，2018（9）.

[42] 胡鞍钢，王蔚，周绍杰，等. 中国开创"新经济"——从缩小"数字鸿沟"到收获"数字红利". 国家行政学院学报，2016（3）.

[43] 胡键. 大数据与公共管理变革. 行政论坛，2016（6）：6-12.

[44] 胡胜蓉，黄学. 浙江推进产业大脑应用建设的路径探索. 信息化

建设，2022（2）.

[45] 环球网. 亮相经济成果展，舜云互联赋能电机产业数字化转型.（2022-01-30）[2023-12-28]. https://t.cj.sina.com.cn/articles/view/7517400647/1c0126e4705902m7dy.

[46] 黄璜. 数字政府：政策、特征与概念. 治理研究，2020（3）.

[47] 黄璜. 中国"数字政府"的政策演变——兼论"数字政府"与"电子政务"的关系. 行政论坛，2020（3）.

[48] 黄学，胡胜蓉. 产业大脑：浙江数字化改革的重大创新. 信息化建设，2022（1）.

[49] 黄志平. 提升空间数字化治理能力. 浙江日报，2021-03-29（7）.

[50] 加强数字政府建设 推进省以下财政体制改革. 人民日报，2022-04-20（1）.

[51] 贾晖. 数字经济激活县域经济发展新动能. 学习时报，2022-02-18（3）.

[52] 贾若祥. 共同富裕的内涵特征和推进重点. 中国发展观察，2021（12）.

[53] 聚焦特色 一县一策 超常规推动山区 26 县高质量发展共同富裕. 浙江日报，2021-07-20（1）.

[54] 李春根，罗家为. "互联网＋政务服务"助力一流软环境建设. 光明日报，2022-01-12（6）.

[55] 李国杰，程学旗. 大数据研究：未来科技及经济社会发展的重大战略领域——大数据的研究现状与科学思考. 中国科学院院刊，2012（6）.

[56] 李汉卿. 协同治理理论探析. 理论月刊，2014（1）.

[57] 李攀，王黎婧，胡昕然．浙江全方位深化政府数字化转型．浙江日报，2020-11-20（1）．

[58] 李颖新．数字化助力民生保障体系建设"更进一竿"．（2022-01-26）[2023-12-28]. http://www.cac.gov.cn/2022/01/26/c_1644801158964169.htm.

[59] 李志清，范文忠，彭莉．"数字大脑"引领电机产业集群向未来．（2022-02-07）[2023-12-28]. https://zjnews.zjol.com.cn/202202/t20220207_23756425_ext.shtml.

[60] 李中文，江南．浙江推进数字化改革迭代升级．人民日报，2021-05-09（1）．

[61] 林崇责．数字社会建设的八个"加法"．浙江经济，2021（10）．

[62] 刘淑春．数字政府战略意蕴、技术构架与路径设计——基于浙江改革的实践与探索．中国行政管理，2018（9）．

[63] 刘伟，陈彦斌．"两个一百年"奋斗目标之间的经济发展：任务、挑战与应对方略．中国社会科学，2021（3）．

[64] 刘晓洋．大数据驱动公共服务供给的变革向度．北京行政学院学报，2017（4）．

[65] 刘渊．数字化改革"三个理性"的认知逻辑．浙江日报，2021-12-28（7）．

[66] 刘渊．数字化改革理论内涵的解读．政策瞭望，2021（3）．

[67] 刘渊．为民办事智能速办 打造共同富裕数字化改革品牌．浙江日报，2022-02-25（7）．

[68] 刘渊．纵深推进数字化改革新突破．浙江日报，2022-03-21（6）．

[69] 刘长杰．世界减贫的中国贡献．中国发展观察，2021（Z3）．

[70] 刘志阳. 推动数字中国建设 实现包容发展. 光明日报，2021-03-23（11）.

[71] 刘志阳. 推动数字中国建设 实现包容发展. 光明日报，2021-03-23（11）.

[72] 马建堂，赵昌文. 更加自觉地用新发展格局理论指导新发展阶段经济工作. 管理世界，2020（11）.

[73] 马克·布朗文，肖俊洪. 数字素养的挑战：从有限的技能到批判性思维方式的跨越. 中国远程教育，2018（4）.

[74] 马克思恩格斯文集（第8卷）. 北京：人民出版社，2009.

[75] 马兴瑞. 加快数字化发展. 求是，2021（2）.

[76] 梅宏. 大数据与数字经济. 求是，2022（2）.

[77] 孟庆国. 加强数字政府建设 以数字化助力治理现代化.（2022-01-21）[2023-12-28]. https://mp.weixin.qq.com/s?__biz=MzAwMjU0MjIyNw==&mid=2651400577&idx=2&sn=d44cf9214191f6c8bf6eae325be894b2&chksm=8135567db642df6bb9595c194be50ffaa0d10eb945dc5eb7435579b59cbae677dd2badfda92b&scene=27.

[78] 孟庆国. 未来政府数字化转型——从"技术采纳"到"价值赋能".（2018-11-29）[2023-12-28]. https://blog.csdn.net/trecn001/article/details/85316966.

[79] 孟天广，张小劲. 大数据驱动与政府治理能力提升——理论框架与模式创新. 北京航空航天大学学报（社会科学版），2018（1）.

[80] 孟天广. 政府数字化转型的要素、机制与路径——兼论"技术赋能"与"技术赋权"的双向驱动. 治理研究，2021（1）.

[81] 彭超. 数字乡村战略推进的逻辑. 人民论坛, 2019 (33).

[82] 戚聿东, 肖旭. 数字经济时代的企业管理变革. 管理世界, 2020 (6).

[83] 秦诗立. 山区县跨越式高质量发展的时代内涵与任务迭代. 浙江经济, 2021 (8).

[84] 邱泽奇, 袁东明. 弥合数字鸿沟 促进数字红利普惠大众. 中国经济时报, 2019-10-14 (5).

[85] 邱泽奇. 数字社会与计算社会学的演进. 江苏社会科学, 2022 (1).

[86] 权衡. 正确认识和把握共同富裕的战略目标和实践路径. 学习时报, 2021-12-15 (2).

[87] 让工程科技造福人类、创造未来. 人民日报, 2014-06-04 (2).

[88] 人民日报评论部. 优化数字社会环境——让数字技术应用造福人民. 人民日报, 2021-10-21 (7).

[89] 胡重明. "政府即平台"是可能的吗？——一个协同治理数字化实践的案例研究. 治理研究, 2020 (3): 16-25.

[90] 人民日报评论部. 增强数字政府效能——让数字技术应用造福人民. 人民日报, 2021-10-20 (5).

[91] 任保平. 数字经济引领高质量发展的逻辑、机制与路径. 西安财经大学学报, 2020 (2).

[92] 容志. 大数据背景下公共服务需求精准识别机制创新. 上海行政学院学报, 2019 (4).

[93] 深入实施数字经济"一号工程" 创建国家数字经济创新发展试验

区 . 浙江日报，2020-07-10（1）.

[94] 深圳信息无障碍研究会，埃森哲中国. 数字包容（Digital Inclusion）：数字技术驱动的可持续性商业模式创新.（2021-06-06）[2023-12-28]. https://www.scmor.com/view/6566.

[95] 审时度势精心谋划超前布局力争主动 实施国家大数据战略加快建设数字中国 . 人民日报，2017-12-10（1）.

[96] 世界银行. 2016 年世界发展报告：数字红利 . 北京：清华大学出版社，2017.

[97] 首届中国国际智能产业博览会在重庆开幕 . 人民日报，2018-08-24（1）.

[98] 数字化改革开启浙江改革新征程. 浙江日报，2020-12-21（1）.

[99] 数字化改革让来料加工产业实现"脱胎换骨" 淳安"伊加工"特色应用场景上线 . 杭州日报，2025-07-20（5）.

[100] 宋灵恩. 激发数据要素价值 赋能数字中国建设 .（2022-01-21）[2023-12-28]. http://www.cac.gov.cn/2022-01/21/c_1644368244622007.htm?eqid=9a7bfc7d0017ff1c00000006642796d9.

[101] 谭洪波. 数字经济与共同富裕. 光明日报，2022-02-15（16）.

[102] 陶勇. 协同治理推进数字政府建设——《2018 年联合国电子政务调查报告》解读之六. 行政管理改革，2019（6）.

[103] 统筹推进疫情防控和经济社会发展工作奋力实现今年经济社会发展目标任务 . 人民日报，2020-04-02（1）.

[104] 推动政府数字化转型标志性项目取得突破性进展. 浙江日报，2018-08-01（1）.

[105] 推进新时代基层治理现代化建设的纲领性文件. 人民日报，2021-07-13（4）.

[106] 汪同三：做大分好"蛋糕"促进共同富裕. 山东经济战略研究，2020（11）.

[107] 王国锋. 深入学习贯彻习近平总书记考察浙江重要讲话精神 努力建设新时代全面展示中国特色社会主义制度优越性重要窗口. 浙江日报，2020-06-19（1）.

[108] 王晓涛. 聚焦山区县域数字经济 助推共同富裕发展. 中国经济导报，2021-10-12（5）.

[109] 王一鸣. 百年大变局、高质量发展与构建新发展格局. 管理世界，2020（12）.

[110] 网信浙江. 助推电机产业高质量发展 浙江省电机产业大脑上线｜全面推进数字化改革.（2021-10-17）[2023-12-28]. https://www.ncmc.nbtv.cn/xwdsg/gn/30576795.shtml.

[111] 网信中国.《"十四五"国家信息化规划》专家谈：加快构建泛在智联的数字基础设施 推动网络强国和数字中国建设.（2022-01-19）[2023-12-28]. https://mp.weixin.qq.com/s/E7P-R8bqcEyYPxXhB9mqjA.

[112] 韦路，张明新. 第三道数字鸿沟：互联网上的知识沟. 新闻与传播研究，2006（4）.

[113] 魏志奇. 提高全民全社会数字素养和技能. 人民日报，2022-02-22（5）.

[114] 吴雨馨，邱靓，周文，等. "三多三全三高"——解码数字社会"多跨场景"内涵特征. 浙江经济，2021（7）.

[115] 武汉大学国家发展战略智库课题组. 激发数字经济发展潜能. 求是, 2022 (2).

[116] 习近平. 不断做强做优做大我国数字经济. 求是, 2022 (2).

[117] 习近平. 国家中长期经济社会发展战略若干重大问题. 求是, 2020 (21).

[118] 习近平. 在党的十八届五中全会第二次全体会议上的讲话(节选). 求是, 2016 (1).

[119] 习近平. 在纪念马克思诞辰 200 周年大会上的讲话. 人民日报, 2018-05-05 (2).

[120] 习近平. 扎实推动共同富裕. 求是, 2021 (20).

[121] 习近平: 切实贯彻落实新时代党的组织路线 全党努力把党建设得更加坚强有力. 人民日报, 2018-07-05 (1).

[122] 习近平: 在第十八届中央纪律检查委员会第六次全体会议上的讲话. 人民日报, 2016-05-03 (2).

[123] 习近平出席 2022 年世界经济论坛视频会议并发表演讲. 人民日报, 2022-01-18 (1).

[124] 习近平出席二十国集团领导人第十五次峰会第二阶段会议. 人民日报, 2020-11-23 (1).

[125] 习近平向 2021 年世界互联网大会乌镇峰会致贺信. 人民日报, 2021-09-27 (1).

[126] 肖亚庆. 大力推动数字经济高质量发展. 学习时报, 2021-07-16 (A1).

[127] 谢岳. 中国贫困治理的政治逻辑——兼论对西方福利国家理论的

超越. 中国社会科学，2020（10）.

[128] 新华社. 新华社访浙江省委书记袁家军：高质量发展建设共同富裕示范区.（2021-06-10）[2023-12-28]. https://www.gov.cn/zhengce/2021-06/11/content_5616911.htm.

[129] 新华社. 中共中央政治局就实施网络强国战略进行第三十六次集体学习.（2016-10-09）[2023-12-28]. https://www.gov.cn/xinwen/2016-10/09/content_5116444.htm.

[130] 新华社权威面对面丨袁家军谈"重要窗口"新使命：为共同富裕大局奋力探路.（2022-01-02）[2023-12-28]. https://www.zjwx.gov.cn/art/2022/1/5/art_1229498525_58870325.html.

[131] 新时代学习工作室. 习近平谈改善民生：要一诺千金，说到就要做到.（2019-01-09）[2023-12-28]. http://jhsjk.people.cn/article/30512335.

[132] 徐梦周，吕铁. 赋能数字经济发展的数字政府建设：内在逻辑与创新路径. 学习与探索，2020（3）.

[133] 徐梦周，吕铁. 数字经济的浙江实践：发展历程、模式特征与经验启示. 中国发展观察，2019（24）.

[134] 许国志. 系统科学. 上海：上海科技教育出版社，2000.

[135] 许先春. 推动生态经济和数字经济深度融合发展. 中国环境报，2022-01-24（3）.

[136] 闫泽华，王天夫. 回归社会的数字治理. 西安交通大学学报（社会科学版），2022（1）.

[137] 央广网. 2021年浙江省规上工业增加值突破2万亿元 2022年浙江省经信工作会议开幕.（2022-01-26）[2023-12-28]. http://zj.cnr.cn/

zjyw/20220126/t20220126_525726257.shtml.

[138] 央视新闻. 共同富裕示范区: 为何是浙江? (2021-06-11) [2023-12-28]. https://baijiahao.baidu.com/s?id=1711031132682917806&wfr=spider&for=pc.

[139] 以高标准可持续惠民生为目标 继续推动共建"一带一路"高质量发展. 人民日报, 2021-11-20 (1).

[140] 以信息化培育新动能 用新动能推动新发展 以新发展创造新辉煌. 人民日报, 2018-04-23 (1).

[141] 殷晓元, 陈若松, 黄均霞, 等. 正确认识和把握实现共同富裕的战略目标. 经济日报, 2021-12-16 (10).

[142] 余琼雅. 市妇联、淳安县上线"伊加工"应用场景 开辟来料加工发展新路径. (2021-08-17) [2023-12-28]. https://baijiahao.baidu.com/s?id=1708323168289140995&wfr=spider&for=pc.

[143] 袁家军. 改革突破争先 建设数字浙江. 人民日报, 2021-03-17 (7).

[144] 袁家军. 理思路建体系抓改革 以制度性机制性成果为破解重大共性问题探路. (2022-01-25) [2023-12-28]. https://zj.zjol.com.cn/news.html?id=1800315.

[145] 袁家军. 以数字化改革为牵引迈向数字文明新时代! 袁家军在2021年世界互联网大会开幕式上致辞. (2021-09-26) [2023-12-28]. https://zjnews.zjol.com.cn/gaoceng_developments/yjj/zxbd/202109/t20210926_23147794.shtml.

[146] 袁家军. 扎实推动高质量发展建设共同富裕示范区. 求是, 2021

（20）.

[147] 袁家军赴省直部门和省法院调研数字化改革工作 以数字化改革解决最现实最紧迫问题 持续推进治理体系治理能力现代化.浙江日报，2021-09-15（1）.

[148] 袁家军在全省数字化改革大会上强调 全面推进数字化改革 努力打造"重要窗口"重大标志性成果.浙江日报，2021-02-19（1）.

[149] 袁家军在全省数字化改革推进会上强调 目标再聚焦 跑出加速度 体系化规范化推进数字化改革.浙江日报，2021-06-25（1）.

[150] 袁家军在全省数字化改革推进会上强调 系统迭代 整体提升 加快打造数字化改革"硬核"成果.浙江日报，2021-08-24（1）.

[151] 袁家军在市、县（市、区）数字化改革座谈会上强调 加快全面贯通 推进特色改革 扎实推动数字化改革取得标志性成果.浙江日报，2021-10-12（1）.

[152] 袁家军在县（市、区）委书记工作交流会上强调 从理念方法行动机制层面推动建设变革型组织.浙江日报，2021-07-13（1）.

[153] 袁家军郑栅洁在宁波调研数字化改革工作 以数字化改革构建全新产业生态.浙江日报，2021-05-26（1）.

[154] 袁家军主持召开省第十五次党代会报告起草领导小组第三次例 会.（2022-03-28）[2023-12-28]. https://www.zj.gov.cn/art/2022/3/29/art_1229663325_59734686.html.

[155] 在高质量发展中促进共同富裕 统筹做好重大金融风险防范化解工作.人民日报，2021-08-18（1）.

[156] 在高质量发展中促进共同富裕统筹做好重大金融风险防范化解工

作 . 人民日报，2021-08-18（1）.

[157] 张汉青 . 全面推进数字政府建设正当其时 . 经济参考报，2020-10-15（6）.

[158] 张军 . 提高数字政府建设水平 . 人民日报，2021-10-29（9）.

[159] 张贤明 . 提高数字化政务服务效能 . 人民日报 . 2021-10-29（9）.

[160] 张显龙 . 运用大数据保障和改善民生 . 光明日报，2017-12-15（10）.

[161] 张晓，鲍静 . 数字政府即平台：英国政府数字化转型战略研究及其启示 . 中国行政管理，2018（3）.

[162] 张勋，万广华，吴海涛 . 缩小数字鸿沟：中国特色数字金融发展 . 中国社会科学，2021（8）.

[163] 张银银 . 数字经济推动生态产品价值实现——来自全国首个生态产品价值实现机制试点城市丽水的实践 . 中国社会科学报，2021-11-16（9）.

[164] 张引，陈敏，廖小飞 . 大数据应用的现状与展望 . 计算机研究与发展，2013（S2）.

[165] 张宇燕 . 理解百年未有之大变局 . 国际经济评论，2019（5）.

[166] 张振波 . 论协同治理的生成逻辑与建构路径 . 中国行政管理，2015（1）.

[167] 浙江高质量发展建设共同富裕示范区实施方案 . 浙江日报，2021-07-20（1）.

[168] 浙江省人民政府 . 数字浙江建设规划纲要（2003—2007 年）.（2003-09-04）[2023-12-28]. https://www.zj.gov.cn/art/2012/7/14/

art_1229019364_63230.html.

[169] 浙江省人民政府办公厅. 浙江省数字经济发展"十四五"规划.（2021-06-29）[2023-12-28]. https://www.zj.gov.cn/art/2021/6/29/art_1229620642_2409216.html.

[170] 浙江省市场监督管理局.DB33/T 2350—2022. 数字化改革术语定义.（2022-09-09）[2023-12-28].https://dbba.sacinfo.org.cn/stdDetail/9d36a8fda224ff25a2d78357fcff21fb08b4e21bc68fd7eac17e514ff1b224cd.

[171] 浙江省统计局. 高水平全面建成小康社会 奋力担当高质量发展建设共同富裕示范区新使命.（2022-04-21）[2023-12-28]. https://mp.weixin.qq.com/s?__biz=MzIyNDE4MTk0Mg==&mid=2649865365&idx=1&sn=5e9954d275e3a37e7d6474228da075af&chksm=f017f74cc7607e5a064cd30dcce38ff72498face34c17c2c6d508c743279785f85a43d8e4503&scene=27.

[172] 浙江省统计局."十三五"时期浙江数字经济发展报告.（2021-01-25）[2023-12-28]. https://mp.weixin.qq.com/s?__biz=MzUzNjc5NTU3Mw==&mid=2247494067&idx=2&sn=b140686f4a3991bc988579cf5d1b1865&chksm=faf26969cd85e07f28591dc83ef7d43f3c826f2fd1d0e4b4cc21728923fd9ebbff196ee3933a&scene=27.

[173] 中共中央 国务院关于加强基层治理体系和治理能力现代化建设的意见.（2021-07-11）[2023-12-28]. https://www.gov.cn/gongbao/content/2021/content_5627681.htm.

[174] 中共中央 国务院关于做好 2022 年全面推进乡村振兴重点工作的意见.（2022-02-22）[2023-12-28]. https://baijiahao.baidu.com/s?id=1725461928210613678&wfr=spider&for=pc.

[175] 中共中央、国务院. 关于支持浙江高质量发展建设共同富裕示范区的意见.（2021-06-10）[2023-12-28]. https://www.gov.cn/zhengce/2021-06/10/content_5616833.htm?eqid=ef389f6b00026ced00000006647adc53.

[176] 中共中央办公厅，国务院办公厅. 关于建立健全生态产品价值实现机制的意见.（2021-04-26）[2023-12-28]. https://www.gov.cn/xinwen/2021-04/26/content_5602763.htm?ivk_sa=1024320u.

[177] 中国共产党第十九届中央委员会. 中国共产党第十九届中央委员会第五次全体会议公报.（2020-12-29）[2023-12-28]. https://www.gov.cn/xinwen/2020-10/29/content_5555877.htm.

[178] 中国互联网络信息中心. 第48次《中国互联网络发展状况统计报告》发布 超十亿用户接入互联网 我国成全球最庞大数字社会. 网络传播，2021（9）.

[179] 中国网络空间研究院. 中国互联网发展报告2020. 北京：电子工业出版社，2020.

[180] 中国新闻网. 浙江将实施数字经济"一号工程"2.0版.（2021-01-26）[2023-12-28]. https://www.cnii.com.cn/rmydb/202102/t20210208_254368.html.

[181] 中国信息通信研究院. 全球数字治理白皮书.（2021-12-23）[2022-07-09].http://www.caict.ac.cn/kxyj/qwfb/bps/202112/P020211223383085909153.pdf.

[182] 中国信息通信研究院. 中国数字经济发展白皮书（2020年）.（2020-07-02）[2022-07-09].https://www.caict.ac.cn/kxyj/qwfb/bps/202007/P020200703318256637020.pdf.

[183] 中央网络安全和信息化委员会."十四五"国家信息化规划.（2021-12-27）[2023-12-18]. http://www.cac.gov.cn/2021-12/27/c_1642205314518676.htm.

[184] 中央网信办. 数字乡村发展行动计划（2022-2025 年）.（2022-01-26）[2023-12-28]. http://www.cac.gov.cn/2022-01/25/c_1644713315749608.htm.

[185] 专访浙江省委书记袁家军：共同富裕要让人民真实可感.（2022-03-09）[2023-12-28]. https://m.thepaper.cn/baijiahao_17053875.

[186] 庄荣文. 营造良好数字生态. 人民日报，2021-11-05（9）.

[187] 总体布局统筹各方创新发展 努力把我国建设成为网络强国. 人民日报，2014-02-28（1）.

[188] 纵深推进数字化改革 为高质量发展建设共同富裕示范区提供强劲动力. 浙江日报，2022-03-01（1）.

[189] Fuente-Cobo C. Vulnerable Publics and Digital Empowerment: The Challenge of an E-inclusive Society. Profesional DE LA Informacion, 2017, 26(1).

[190] Inclusion E E. New Challenges and Policy Recommendations, 2022-01-24.

[191] Lam J C Y, Lee M K O. Digital Inclusiveness-Longitudinal Study of Internet Adoption by Older Adults. Journal of Management Information Systems, 2006, 22(4).

[192] Mordini E, Wright D, Wadhwa K, et al. Senior Citizens and the Ethics of e-Inclusion. Ethics & Information Technology, 2009, 11(3).

[193] Notley T. Young People, Online Networks, and Social Inclusion. Journal of Computer-Mediated Communication, 2009, 14(4).

[194] Olphert W D L. Older People and Digital Disengagement: A Fourth Digital Divide? Gerontology, 2013, 59(6).

[195] Real B, Bertot J C, Jaeger P T. Rural Public Libraries and Digital Inclusion: Issues and Challenges. Information Technology & Libraries, 2014, 33(1).

[196] Schoonmaker S. Software Politics in Brazil. Information Communication & Society, 2009, 12(4).

[197] Seale J, Draffan E A, Wald M. Digital Agility and Digital Decision —Making: Conceptualising Digital Inclusion in the Context of Disabled Learners in Higher Education. Studies in Higher Education, 2010, 35(4).

[198] Tapia A H, Kvasny L, Ortiz J A. A Critical Discourse Analysis of Three US Municipal Wireless Network Initiatives for Enhancing Social Inclusion. Telematics & Informatics, 2011, 28(3).

[199] United Nations Educational Scientific, Cultural Organization. Broadband Commission for Sustainable Development 2016.Geneva, Switzerland: International Telecommunication Union, 2016.